SOUVENIRS

DE

L'OCCUPATION ALLEMANDE

OISSEL

ET LE

CANTON DE GRAND-COURONNE

> **COMBATS**
> DE
> MOULINEAUX
> LA MAISON BRULÉE
> LA LONDE
> ORIVAL.

Animus meminisse horret.
VIRGILE, Enéïde.

ROUEN

IMPRIMERIE DE E. CAGNIARD

RUES JEANNE-D'ARC, 88, ET DES BASNAGE, 5.

1874.

SOUVENIRS

DE

L'OCCUPATION ALLEMANDE.

SOUVENIRS

DE

L'OCCUPATION ALLEMANDE

OISSEL

ET LE

CANTON DE GRAND-COURONNE

COMBATS

DE

MOULINEAUX

LA MAISON BRULÉE

LA LONDE

ORIVAL.

Animus meminisse horret.
Virgile, Enéïde.

ROUEN

IMPRIMERIE DE E. CAGNIARD

RUES JEANNE-D'ARC, 88, ET DES BASNAGE, 5.

1874.

AVERTISSEMENT.

J'avais cru devoir faire un rapport au Conseil municipal d'Oissel sur les événements qui s'étaient passés, dans cette commune, pendant l'occupation prussienne ; le Conseil l'ayant accueilli avec bienveillance et m'en ayant demandé l'impression, j'ai pensé qu'il ne serait pas sans intérêt d'y joindre quelques notes concernant les communes environnantes et principalement celles du canton de Grand-Couronne.

J'ai fait ce travail après avoir pris mes renseignements sur les lieux mêmes et auprès des témoins les plus dignes de foi. Je l'ai fait sans autre prétention que de raconter fidèlement les faits et sans autre but que de conserver ces souvenirs, tout tristes qu'ils sont, à cause de l'in-

*térêt qu'ils peuvent présenter au point de vue
de l'histoire locale.*

*Ce petit livre n'est cependant pas destiné à
la publicité ; je ne l'ai fait imprimer que pour
avoir la satisfaction de le donner aux communes qu'il intéresse, et de l'offrir à mes amis
qui, je l'espère, voudront bien le recevoir
comme un souvenir de l'auteur.*

Edouard TURGIS.

Le plan annexé à ce petit livre, et que nous devons à l'obligeance de M. Lefebvre, agent-voyer du canton de Grand-Couronne, a été dessiné par lui avec autant d'exactitude que de talent ; le lecteur, en l'examinant, y verra d'un seul coup d'œil les positions qui furent occupées par nos troupes et celles de l'ennemi : le Pavillon d'Orival, les hameaux du Gravier et du Nouveau-Monde, la Maison-Brûlée, le château de Robert-le-Diable, et se rendra facilement compte de quelle utilité fut pour les Allemands la ligne de défense dont les travaux, commencés par nous à la fin de novembre 1870, furent achevés par eux dès le commencement du mois suivant.

Ce fut à cette ligne que l'ennemi dut d'avoir toujours conservé la position de Grand-Couronne.

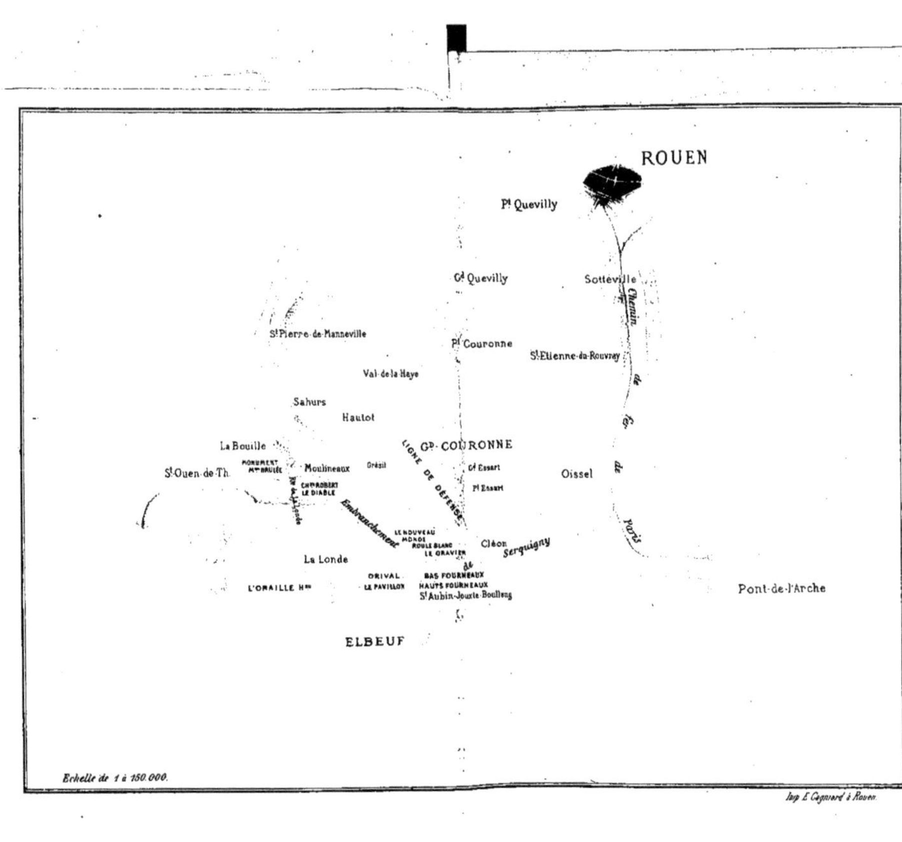

ROUEN
Pt Quevilly
Gd Quevilly
Sotteville
St Pierre-de-Manneville
Pt Couronne
St Etienne-du-Rouvray
Val-de-la-Haye
Sahurs
Hautot
La Bouille
Gde COURONNE
St Ouen-de-Th.
MONUMENT
Mne BRULÉE
Moulineaux
Orézil
Gd Essart
LIGNE DE DEFENSE
CHte ROBERT
LE DIABLE
Pt Essart
Oissel
Embranchement
LE NOUVEAU
MONDE
ROULE BLANC
LE GRAVIER
Cléon
Serquigny
La Londe
ORIVAL
LE PAVILLON
BAS FOURNEAUX
HAUTS FOURNEAUX
Pont-de-l'Arche
L'ORAILLE Hau
St Aubin-Jouxte-Boulleng
ELBEUF
Chemin de fer de Paris
Echelle de 1 à 150.000.
Imp. E. Cagniard à Rouen.

CONSEIL MUNICIPAL D'OISSEL

———

Rapport du Maire sur l'occupation allemande

Messieurs,

Dans votre séance du 25 mai 1870, à la fin de la période quinquennale qui, aux termes de la loi de 1855, appelait le renouvellement des Conseils municipaux, nous vous fîmes l'exposé des travaux que vous aviez accomplis pendant la durée de votre mandat.

Nous étions loin de soupçonner alors qu'une catastrophe était imminente ; que la guerre viendrait affliger notre patrie et que les élections se feraient au milieu du trouble et de l'agitation.

Ce fut le 11 août qu'elles eurent lieu : elles ramenèrent, au sein de cette Assemblée, tous les anciens membres. Le 24 nous procédâmes à leur installation.

Huit mois, qui nous ont paru un siècle, se sont à peine écoulés depuis cette époque: nous avons subi les horreurs de la guerre et l'humiliation de la défaite ; au milieu de désastres sans nombre, l'empire s'est écroulé:

1

un gouvernement nouveau s'est imposé à la Nation [1]
et la dissolution des Conseils municipaux vient d'être
prononcée; [2] de nouvelles élections sont, par suite, à la
veille de se faire.

C'est à cette occasion, Messieurs, et avant de nous
séparer, que nous vous demandons la permission de
vous rappeler les événements qui se sont passés pendant
les quelques mois auxquels la force des choses a limité
votre mandat :

L'ordre du jour de vos séances des 24, 29 août,
13 septembre et 17 octobre prouve combien, à cette
époque, la guerre préoccupait les esprits et de quel poids
déjà ses tristes conséquences pesaient sur notre malheureuse commune : habillement des gardes mobiles,
organisation de la garde nationale sédentaire, de la
garde nationale mobilisée, création d'un comité de
défense, secours aux ouvriers sans travail, secours aux
victimes de la guerre, telles furent les questions qui vous
occupèrent.

Le chômage commença de bonne heure à frapper
notre industrie : nous vîmes nos usines s'arrêter successivement et, en quelques semaines, tous nos fourneaux furent éteints.

Ce ne fut assurément pas sans peine que nous pûmes
répondre aux premières demandes des nombreux travailleurs restés sans ressources et le comité de secours
aux ouvriers sans travail de l'industrie cotonnière du

[1] et [2] Voir aux documents, pages 145, 146 et 147.

département de la Seine-Inférieure nous vint fort à propos en aide; il fut pour nous, dans ce moment difficile, une véritable Providence, nous considérons comme un devoir de lui exprimer ici toute notre gratitude.

Notre collègue M. O. Fauquet, qui fut le plus souvent notre intermédiaire et apporta, dans cette mission, un zèle que nous avons tous apprécié, a droit aussi à nos remercîments.

Les ressources qui furent mises à notre disposition, malgré leur importance relative, étaient cependant limitées et, chaque jour, le mal s'aggravait. Nous nous décidâmes à faire appel aux contribuables en vous proposant de contracter un emprunt de 10,000 fr. qui fut voté dans votre séance du 17 octobre.

Nous pensions bien, Messieurs, que cette somme serait insuffisante pour secourir, pendant un hiver entier, nos nombreuses familles d'ouvriers et qu'il nous faudrait plus tard trouver d'autres ressources ; mais ce que nous étions loin de prévoir, c'est que, par un décret,[1]

---

[1] Les décrets concernant la garde nationale mobilisée ont été abrogés par la loi du 15 septembre 1871 dont les articles 1 et 3 sont ainsi conçus :

Art. 1er. Les décrets des 22 octobre, 3, 22 et 25 novembre 1870 sur la garde nationale mobilisée sont et demeurent abrogés.

Toutes les dépenses imposées aux départements et aux communes seront supportées par l'Etat.

Art. 3. Les sommes payées par les départements, les communes et les particuliers pour la garde nationale mo-

le gouvernement mettrait à la charge des communes
l'habillement et la solde des gardes nationaux mobilisés,
que nous serions mis en demeure de voter, à cet effet, un
emprunt de 14,560 fr. 20 c. et que nous nous verrions
ainsi dans la triste nécessité de contracter des dettes
nouvelles au moment où la misère prenait les plus
alarmantes proportions.

Nous aurions toutefois, Messieurs, accepté volontiers
ce sacrifice, s'il eût dû contribuer au moins à préserver
le département de la Seine-Inférieure de l'invasion.

Mais était-il permis de l'espérer ?

La suite des événements a malheureusement prouvé
le contraire.

Le 5 décembre 1870, jour à jamais néfaste dans les
annales de notre histoire départementale, Oissel était
dans la plus grande consternation ; la nouvelle venait
de s'y répandre que la ville de Rouen avait été envahie
par l'ennemi sans qu'aucune résistance lui eût été op-
posée; des gardes nationaux mobilisés des communes
environnantes parcouraient nos rues en désordre et
venaient, le désespoir dans le cœur, confirmer la nouvelle que l'ennemi était entré dans la capitale de notre
département sans coup férir.

Quelle était la cause d'un événement aussi triste

bilisée et le montant des droits d'enregistrement perçus
par le Trésor sur les emprunts contractés à cet effet par
les départements et les communes, leur seront remboursés
sans intérêts en cinq annuités égales à partir de 1872.

qu'inattendu ? Comment la fièvre de résistance qui s'était emparée de notre département, était-elle si subitement tombée ? Pourquoi ces appels aux armes, ces dépenses d'armement et d'équipement, pour lesquelles les communes avaient fait de si grands sacrifices, pourquoi ces travaux de défense qu'on disait si savamment combinés, pourquoi tous ces apprêts étaient-ils tout à coup devenus inutiles ? Nous laissons à l'avenir à dévoiler ce mystère, à l'histoire à en apprécier les causes.

La capitale de la Normandie, qui venait de raviver le souvenir de ses héros en donnant leurs noms aux grandes rues nouvellement ouvertes, Rouen, la vieille cité normande, s'était rendue à merci : tel est le fait dans sa navrante vérité, tel est le triste évènement qui consternait notre population.

Le lendemain 6, à 11 heures du matin, quatre hussards prussiens se présentèrent à la mairie d'Oissel ; l'officier qui les commandait, après nous avoir demandé des renseignements sur les ressources de la commune, nous invita à faire rentrer les armes des gardes nationaux et des sapeurs-pompiers ; un bataillon, dont il nous annonçait l'arrivée, devait, quelques heures après, s'assurer de l'exécution de cette mesure.

Cette invitation, en apparence toute courtoise, nous était adressée avec un sourire mêlé d'ironie. L'invitation était évidemment un ordre et le sourire une menace ; la résistance était inutile ; elle aurait été d'ailleurs assurément funeste à la commune ; il fallut donc nous exécuter.

L'ordre de faire rentrer les armes à la mairie fut donné ; les hussards se retirèrent et suivirent le chemin de halage dans la direction d'Elbeuf.

Vers une heure, un officier-fourrier, escorté de 12 sous-officiers, vint nous annoncer qu'un bataillon de 1,000 hommes d'infanterie, un escadron de 180 chevaux et une section d'artillerie avec deux pièces étaient arrivés de Rouen et stationnaient dans le quartier de la gare : il fallait immédiatement des logements pour les hommes et des écuries pour les chevaux.

Il nous intima l'ordre de l'accompagner dans la commune pour la diviser en quatre quartiers, afin d'y loger, suivant sa convenance, les troupes qui venaient d'arriver. Chemin faisant, il faisait indiquer à la craie, sur la porte de chaque habitation, la quantité d'hommes et de chevaux qui devaient l'occuper ; l'importance et l'apparence de la maison le guidaient seules dans son appréciation.

Cette opération terminée, l'officier rejoignit son bataillon qui avait employé son temps à enlever les rails du chemin de fer, sur une longueur d'environ cent mètres, à la bifurcation de la ligne de Serquigny, et à construire des obstacles dans la largeur du viaduc.

A trois heures, les troupes arrivèrent sur la place de la mairie.

Nous fûmes alors littéralement assailli par les officiers, sous-officiers et soldats des différents corps qui venaient à nous chacun avec leur mission spéciale et particulière.

L'un exigeait qu'on lui remît les armes des gardes nationaux ; l'autre réclamait une salle pour y installer un poste de trente hommes. Un cavalier voulait de la viande pour la nourriture de son escadron, de l'avoine et des fourrages pour ses chevaux ; un lieutenant d'artillerie nous adressait la même demande pour ses hommes et ses bêtes et enfin l'infanterie nous imposait aussi des réquisitions dans la proportion de son effectif. Ajoutez à toutes ces exigences les demandes de vin pour les hommes du poste, de tabac pour l'artillerie, de voitures pour les malades, de chevaux et cabriolets pour les officiers, et vous comprendrez, Messieurs, pourquoi le 6 décembre, à minuit, nous étions encore à la mairie, harassé de fatigue, et, nous ajouterons, accablé de tristesse.

Comment en effet aurions-nous pu voir, sans la plus grande douleur, l'envahissement de notre malheu-reuse commune par l'ennemi ?

Comment aurions-nous pu envisager, sans la plus grande anxiété, les tristes conséquences qui devaient s'en suivre ?

A l'arrivée des Prussiens, les caisses publiques avaient dû nécessairement disparaître ; l'argent allait forcément nous manquer ; les ateliers que nous avions eu tant de mal à organiser et qui commençaient à fonctionner à notre satisfaction : les ateliers de Quatre-Mares, du Chemin n° 11, du Chemin n° 13, du défrichement du bois brûlé, tous allaient être inévitablement supprimés ; toutes nos peines allaient être perdues ; le travail allait nous manquer une seconde fois et nous allions nous trouver de nouveau en face d'une population sans pain, mais avec cette différence que toutes les ressources allaient nous faire à la fois défaut et que l'ennemi était dans nos demeures.

Oh ! Messieurs, il faut avoir passé par une semblable épreuve pour savoir tout ce qu'elle peut causer d'angoisses et surtout d'amertume.

Dès le lendemain 7, nous vîmes avec le plus grand regret nos craintes se réaliser : tous les travaux furent subitement arrêtés, soit par ordre de l'autorité départementale, soit par ordre de l'autorité allemande et nos ouvriers, renvoyés de leurs chantiers, revinrent chez eux, moins préoccupés peut-être de la suspension de leurs travaux que du trouble qu'allait jeter dans leurs familles la présence de l'envahisseur.

Est-il rien de plus pénible, en effet, pour de malheureux pères et mères, que d'être forcés d'abriter sous leur toît, d'admettre à leur table le soldat ennemi qui a peut-être versé le sang d'un fils absent dont il occupe la place au foyer domestique !

La suspension des travaux ne fut pas le seul événement de la journée : des réquisitions se succédèrent à chaque instant et les visites ne nous manquèrent pas, depuis celle du major-commandant jusqu'à celle du sous-officier. Nous n'entrerons pas, assurément, dans les détails de chacune d'elles; il en est deux cependant que, pour votre édification, nous vous demanderons la permission de ne pas passer sous silence.

La première fut celle d'un capitaine de hussards : cet officier avait, disait-il, à nous faire en secret une communication de la plus haute importance; il nous engagea à le suivre et nous conduisit dans un endroit complétement isolé. Après s'être assuré que nous étions sans témoins, il tira de sa poche une carte du département, et, la mettant sous nos yeux, nous fit l'injure de nous demander des renseignements sur la position des troupes françaises. Je n'ai pas besoin de vous dire, Messieurs, que notre réponse ne se fit pas attendre : elle fut brève et nette et telle que l'indignation nous l'inspira.

Le capitaine voulut alors tenter les moyens d'intimidation, mais, voyant qu'il perdrait son temps, il prit le parti de se retirer, non sans proférer contre nous les plus violentes menaces.

Quelques heures après, un visiteur d'un autre genre nous demanda, à son tour, un entretien particulier.

Celui-ci se disait franc-tireur du Nord et chargé d'épier les mouvements de l'ennemi. Il commença par nous donner les détails les plus invraisemblables sur la marche de notre armée et nous questionna sur l'importance numérique des troupes allemandes qui occupaient Oissel et sur les projets présumés de leurs chefs.

Nous crûmes devoir nous abstenir de répondre à cet inconnu, que nous congédiâmes sans explication; nous nous sentions fort peu de sympathie pour cet homme-là.

Dans la soirée du même jour, il fut, nous avons honte de le dire, dénoncé aux Prussiens par un habi·tant de la commune. Le soi-disant franc-tireur fut

arrêté, conduit au poste allemand et presque aussitôt
relâché : c'était bien un espion, mais un espion prussien.

Tels sont, Messieurs, les moyens qu'employait l'ennemi, soit pour se procurer les renseignements qui
pouvaient lui être utiles, soit pour donner le change à
l'opinion sur la véritable position des armées.

Le séjour de la colonne prussienne à Oissel ne fut pas
de longue durée, contrairement à ce que nous avait af-
firmé le commandant, dans la journée même ; l'ordre
de départ fut donné dans la soirée, et le lendemain
8 octobre, à 6 heures du matin, le bataillon d'infanterie et la section d'artillerie quittaient la commune
pour se rendre à Grand-Couronne. La cavalerie seule
resta.

Nous espérions trouver quelques moments de repos,
lorsque, vers midi, deux compagnies de chasseurs arrivèrent et mirent l'arme au pied sur la place de la
Mairie.

La commune fut obligée de pourvoir à la nourriture
de ce détachement, pour le jour même, et on nous
prescrivit, pour les jours suivants, les quantités que
nous aurions à fournir en provisions de toute nature.

Vous comprendrez facilement, Messieurs, la répu-
gnance que nous éprouvions à nous soumettre à
ces exigences : nous n'avions pas de pain pour nos
malheureux ouvriers et il fallait, bon gré mal gré, en
trouver pour l'ennemi : nous subissions la loi du plus
fort ; nos travailleurs eux-mêmes n'avaient-ils pas été
obligés de leur donner le pain de leurs enfants !

Les réquisitions qui nous avaient été imposées pour plusieurs jours, se bornèrent, grâce au Ciel, à une seule journée. Le lendemain 9, les deux compagnies de chasseurs et l'escadron de hussards partirent dans la direction de Rouen. Cinq cavaliers restèrent seuls, jusqu'au 11, pour la correspondance.

A peine étions-nous débarrassés des Prussiens que les ouvriers vinrent en foule à la mairie nous exposer que toutes leurs ressources étaient épuisées par suite du séjour des troupes dans la commune, et qu'ils n'avaient pas de pain même pour la journée. C'était malheureusement trop vrai; nous le savions mieux que personne : nous fîmes faire d'urgence une distribution de secours aux plus nécessiteux, nous réservant de réunir la Commission administrative du bureau de bienfaisance, à bref délai, pour délibérer sur les mesures à prendre.[1]

[1] Des distributions de secours furent continuées pendant tout le temps du chômage : elles avaient lieu deux fois la semaine.

Quatre bureaux avaient été établis :

Le premier, Grand'Rue, chez M. Déhais (Félix);

Le deuxième, rue Masson, chez M. Bergeret Pierre (Clovis) ;

Le troisième, rue Grise, chez M. Mortreuil (Pierre);

Le quatrième, rue de l'Aumône, chez M. Bachelet (Guillaume).

Les membres du Conseil municipal dont nous venons de citer les noms, se sont acquittés de leur pénible tâche avec le plus louable dévoûment : nous leur en témoignons ici toute notre gratitude.

Cette Commission se réunit en effet dès le lendemain et décida que deux nouvelles distributions seraient faites : l'une, le jour même, et l'autre le jour suivant, pour donner à l'administration le temps nécessaire pour organiser de nouveaux ateliers de charité.

Le troisième jour, la plupart des ouvriers étaient installés dans leurs chantiers.

Le 15 décembre, deux compagnies d'infanterie, appartenant à une colonne qui se dirigeait sur Elbeuf, se détachèrent et vinrent à la mairie, par la rue du Manoir, sous le commandement d'un capitaine.

Cet officier nous demanda les armes des gardes nationaux : malgré l'assurance que nous lui donnâmes que les armes avaient été détruites par les troupes prussiennes, il donna l'ordre à son lieutenant de faire une perquisition dans l'Hôtel-de-Ville ; celui-ci entra brusquement dans notre cabinet, en visita toutes les armoires et fit enfoncer à coups de haches une fausse porte que nous n'avions pu lui faire ouvrir et que, par cette raison, il croyait devoir cacher des armes.

Après avoir commis sans utilité cet acte de violence, le lieutenant, poursuivant ses recherches, monta au premier étage et, derrière la porte d'un appartement, trouva entassés les fusils brisés des gardes nationaux. Au milieu de ces débris, il aperçut un lot de vieux sabres réformés que l'agent télégraphique avait eu la maladresse, soit dans un moment de frayeur, soit dans un moment d'égarement, d'aller chercher dans le côin le plus obscur du plus obscur grenier pour les déposer,

sans nous en prévenir, dans l'appartement dont nous
venons de parler.

Nous n'entrerons pas, Messieurs, dans les détails de
la scène que nous valurent ces malencontreux briquets,
il suffira de vous dire qu'on ne nous épargna pas les
menaces et qu'on eût recours au moyen habituel : l'intimidation.

Ce qui pouvait nous advenir personnellement nous
importait peu, mais on parlait de frapper la commune
d'un impôt de 300 fr. par arme trouvée ; or, le nombre
en était relativement considérable et notre inquiétude
était grande.

A force d'explications et d'insistance, nous réussîmes
à convaincre le commandant du détachement qui nous
promit que l'incident n'aurait pas de suites. Le lot
d'armes et de débris fut chargé sur une voiture ; un
ordre fut donné et la voiture et les deux compagnies
disparurent.

A l'arrivée des troupes allemandes à Rouen, M. Des-
seaux, préfet du département, avait jugé à propos, par
des motifs que nous n'avons pas à apprécier, de transférer le siége de son administration au Havre. Le baron
de Manteuffel, de son côté, ayant trouvé l'hôtel de la
préfecture vacant, avait cru devoir y installer un préfet
prussien.

Nous en reçumes l'avis par la notification suivante :

« Quartier général à Rouen,
ce 8 décembre 1870.

« Comme le préfet de la Somme, celui du départe-
« ment de la Seine-Inférieure a quitté son poste au
« moment de l'entrée de la première armée de Sa Ma -
« jesté le roi de Prusse, dans la capitale du départe-
« ment.

« L'ordre de l'administration est l'intérêt de l'armée,
« mais plus encore celui de la population.

« Je charge M. Cramer, conseiller de Sà Majesté le
« Roi, des affaires de la préfecture du département de
« la Seine-Inférieure, en engageant tous les lieux d'ad-
« ministration de s'adresser à lui en cas de besoin et de
« lui obéir en tout point. »

Le baron, E. DE MANTEUFFEL.
Général en chef aide-de-camp général de Sa
Majesté le Roi de Prusse.

Le premier acte du préfet Cramer fut naturellement
des réquisitions : à la date du 15 décembre, il nous fit
signifier, par un officier, l'ordre de fournir pour l'armée
allemande, dix voitures, vingt chevaux et dix conducteurs. [1]

C'était, pour la commune, une bien lourde charge,
mais il n'y avait pas moyen de s'y soustraire et on ne
nous donnait pas 24 heures pour nous exécuter.

[1] Voir aux documents, page 178.

Le Conseil municipal, convoqué d'urgence, désigna les propriétaires qui devaient, dès le lendemain matin, à cinq heures, se trouver sur la place de l'église pour de là se rendre, à Rouen, sur celle du Champ-de-Mars.

Tous répondirent à l'appel et le 16 décembre, à l'heure indiquée, le convoi se mit en route.

La journée du 17 ne fut signalée que par le passage d'une forte colonne prussienne, composée d'infanterie, de cavalerie, d'une batterie d'artillerie de 8 pièces suivies d'une nombreuse quantité de voitures de bagages et d'ambulance se dirigeant vers Rouen. Le défilé dura trois heures.

Le 19, un détachement de trente hommes vint établir un poste sur le viaduc du chemin de fer. La nourriture de ce poste fut mise à la charge de la commune.

Le 20 et le 21, le même viaduc fut visité très minutieusement par un général de brigade et plusieurs officiers du génie. Cette visite avait pour but de s'assurer si le pont était miné et si sa construction pouvait permettre le passage des chevaux et de l'artillerie.

Le 23, un colonel, accompagné des officiers chargés des divers services, arriva dans la soirée, à la tête d'une colonne de 1,000 hommes d'infanterie, quelques cavaliers et une batterie d'artillerie. Il demanda un logement où il pût s'installer commodément avec son nombreux personnel. Il était évident que la colonne nouvellement arrivée allait tenir garnison dans la commune pendant quelque temps et que des opérations militaires se préparaient de notre côté.

En effet, dès le lendemain, un officier d'artillerie requit soixante ouvriers pour travailler à la consolidation du pont. Tous les propriétaires de bateaux et de barques reçurent l'ordre de les descendre vers Rouen, sous peine de les voir couler à fond par l'autorité prussienne, s'ils ne s'exécutaient pas dans un très-court délai; un poste très-nombreux fut établi au hameau de la Roquette, dans la propriété de M. A. Grandin [1]; une barricade fut construite au pied même de la Roche-du-Pignon et une autre à 200 mètres environ de la première, vers Elbeuf.

Ces barricades, qui se prolongeaient jusqu'à la Seine, étaient l'extrémité d'une ligne de défense qui prenait aussi son origine à la Seine, sur le territoire de Grand-

---

[1] Les habitants des Roches eurent beaucoup à souffrir du voisinage de ce poste : leurs maisons furent envahies et pillées ; les soldats prussiens montrèrent d'autant plus d'insolence et de brutalité qu'ils étaient plus éloignés de leurs supérieurs, et qu'ils se trouvaient vis-à-vis d'un groupe d'habitants isolés et sans aucune protection.

Ils forcèrent un pauvre cultivateur, Morel Jean-Baptiste, âgé de 76 ans, de monter à son grenier pour leur donner le peu de paille qu'il possédait. Comme il ne s'exécutait pas assez vite à leur gré, ils le précipitèrent du haut de son échelle et eurent la cruauté de frapper à coups de crosse ce malheureux vieillard qui, dans sa chute, s'était fracturé la jambe.

Il mourut quelques jours après, des suites de ces mauvais traitements.

Couronne, passait par les Essarts, où on avait installé des postes, et fermait ainsi la presqu'île composée des communes d'Oissel, Saint-Etienne, Sotteville, le faubourg Saint-Sever de Rouen, Petit-Quevilly, Grand-Quevilly, Petit-Couronne et Grand-Couronne.

Les réquisitions dont on nous accabla ne tardèrent pas à épuiser les ressources des habitants. Presque toutes les vaches furent abattues et, en très-peu de jours, l'avoine, les fourrages et la paille firent complétement défaut. D'un autre côté, la commune était constamment en émoi; nuit et jour ce n'étaient qu'alertes et prises d'armes, nous n'avions pas un instant de repos.

La nuit du 28 au 29 décembre vint mettre le comble à nos tribulations.

Le froid était très-intense, le thermomètre marquait plus de 14 degrés; les artilleurs, qui avaient dû partir la veille, avaient reçu contre-ordre, mais on les avait avertis de se tenir prêts à tout événement : au lieu de retourner dans leurs logements respectifs, ils s'étaient emparés de la salle du Conseil municipal pour y passer la nuit, y avaient allumé un grand feu et disposé un épais lit de paille sur lequel ils n'avaient pas tardé à s'endormir.

Vers trois heures du matin, la sentinelle, de faction sur le terre-plein de la mairie, aperçut une grande lueur du côté du poste des artilleurs et donna l'éveil; en un instant, les hommes furent debout. Ils s'aperçurent avec effroi que le feu du foyer s'était communiqué à la paille qui leur servait de lit et qu'il gagnait le parquet et le mobilier de la salle ; ils n'eurent que le temps de s'enfuir en abandonnant les uns, leurs armes, les autres, une partie de leur équipement : la mairie était en feu.

Pendant qu'on s'empressait de faire disparaître le matériel d'artillerie qui couvrait la place, l'alarme était donnée, le toscin sonnait, les sapeurs-pompiers arrivaient, avec leurs pompes, sous le commandement de leur dévoué capitaine et de ses lieutenants[1]. Malheureusement, tous les réservoirs étaient gelés; on fut obligé d'organiser une chaîne jusqu'à la Seine et nous devons rendre aux officiers prussiens cette justice, qu'ils prêtèrent, à cet effet, le concours le plus empressé.

De la salle du Conseil, le feu se communiqua à celle des Mariages et gagna le parquet, les tentures et le mobilier; les flammes, qui sortaient en tourbillonnant par huit fenêtres à la fois, enveloppaient le bâtiment et on pût croire un instant qu'il allait être embrasé tout entier; mais l'ordre parfait qui régna dans l'administration des secours, l'intelligence qui y présida et, enfin, les efforts réunis des habitants et des soldats prussiens nous préservèrent de ce malheur : à cinq heures, on était maître du feu.

Les deux salles occupées par les postes furent en-

---

[1] Capitaine : Clovis Plantrou.
Lieutenants : Honoré Renault et Bénoni Courage.

tièrement détruites; le mobilier n'était plus qu'un monceau de cendres. [1].

La perte fut évaluée à 10,000 fr. environ.

Dans la nuit du 3 au 4 janvier, vers une heure du matin, le colonel nous fit appeler à la hâte : il lui fallait six voitures d'ambulance et il nous donnait une demi-heure pour les lui procurer.

[1] INCENDIE DE LA MAIRIE D'OISSEL.

—

Certificat du colonel de Massow.

—

Le colonel de Massow pour constater que l'incendie de la Mairie d'Oissel n'était qu'un fait purement accidentel, adressa au maire de cette commune la pièce suivante :

LÉGITIMATION.

Par le présent il est constaté à M. le maire de la commune d'Oissel-sur-Seine que le feu a pris à la Mairie, dans la nuit du 28 au 29 décembre 1870, par l'imprudence d'un détachement de troupes prussiennes, c'est-à-dire par l'artillerie de l'Ouest, régiment Prince-Royal, n° 2, 1re batterie de campagne.

Les incendiés étaient, à cette époque, cantonnés à la dite mairie comme poste responsable : poste d'alarme.

L : Q : Oissel-sur-Seine, le 2 janvier 1871.

DE MASSOW,
Commandant en chef des grenadiers, régiment Prince-Royal, 1er régiment de l'Ouest de Prusse, n° 1.

. En nous rendant à la mairie pour signer les réquisitions à cet effet, nous fûmes témoin d'un mouvement extraordinaire parmi les troupes prussiennes. Les soldats qui, cette nuit-là, s'étaient entassés dans tous les appartements de l'Hôtel-de-Ville, en descendaient, armés et équipés, avec la plus grande célérité et en observant le plus parfait silence; d'autres, qui, suivant l'ordre qu'ils en avaient reçu, s'étaient logés par groupes dans les maisons voisines, accouraient, de leur côté, pour se joindre à leurs camarades sur la place de la mairie. En moins d'une demi-heure, ils furent tous réunis.

Quelques instants après, et toujours sans bruit, ils partirent en deux colonnes dont l'une suivit le chemin de Grand-Couronne et l'autre celui des Roches:[1] il était à peine deux heures du matin.

Vers cinq heures, on entendit la canonnade du côté de la forêt de La Londe : un engagement avait évidemment lieu dans les environs; que se passait-il?.......

C'est ce que nous n'apprîmes que le soir au retour des troupes prussiennes.

[1] Pour ne pas donner l'éveil aux troupes françaises cantonnées à Orival, cette dernière colonne ne suivit le chemin des Roches que jusqu'au *Roule-Blanc* qui fait face à l'habitation du sieur Nouvel ; elle gravit le Roule et traversa *le Val de Saint-Aubin* pour se rendre au hameau du Nouveau-Monde et de là au chemin de fer de Serquigny, dans les environs duquel de fortes grand'gardes françaises avaient été établies pour protéger la position du Château-Robert.

L'ennemi avait voulu surprendre l'avant-poste du Château-Robert et malheureusement il n'y avait que trop bien réussi. Nos troupes, écrasées par le nombre, avaient été obligées de céder la position et de se replier du côté de Brionne et de Pont-Audemer.

Les Prussiens avaient gagné du terrain ; ils quittèrent Oissel dont l'occupation leur devenait inutile et avancèrent leur ligne au-delà de la Maison-Brûlée

Une compagnie du génie, qui séjourna dans la commune du 6 au 9 janvier, fut chargée d'explorer le terrain de la nouvelle ligne, de faire dans la forêt, les travaux de défense que les derniers événements avaient rendus nécessaires et enfin de garnir le viaduc du chemin de fer d'une quantité suffisante de madriers pour le passage de la cavalerie et de l'artillerie.

Ce dernier travail terminé, on fit garder le pont par un poste de 60 hommes qui y demeura jusqu'au 25 janvier : quinze jours qui coûtèrent encore à la commune des réquisitions en viande, pain, vin, café, sel, pommes de terre, etc.

Le 24, un petit détachement de 8 hommes, sous les ordres d'un officier, vint à Oissel pour réparer le fil télégraphique et rétablir les communications entre Rouen et Versailles. Cette opération dura une seule journée ; le détachement quitta la commune, le lendemain, pour continuer son travail sur le reste de la ligne.

Vers la fin de janvier, nous apprîmes que le corps d'armée du duc de Mecklembourg, venant du Mans, s'était mis en route, dans la direction de Rouen, pour remplacer le 8ᵉ corps de la première armée qui était parti vers le Nord. Un grand mouvement de troupes s'opéra dans les environs. Elbeuf, Grand-Couronne, Saint-Étienne-du-Rouvray regorgeaient de soldats ; 900 cavaliers nous étaient annoncés pour le 26, mais, heureusement, sur le rapport de l'officier qui avait été envoyé en avant pour faire disposer les écuries, on donna contre-ordre et, par suite, la commune n'eût pas de troupes à loger; elle en fut quitte pour quelques réquisitions que vinrent y faire des infirmiers d'ambulance cantonnés au hameau des Essarts.

Le 28 enfin, une dépêche nous annonça la signature de l'armistice. [1]

Messieurs, l'année 1870-1871 laissera dans l'esprit de notre population de bien pénibles souvenirs!

Qui pourrait en effet oublier le triste aspect de notre malheureuse commune pendant les longs mois de l'invasion ? Tous les fourneaux de nos manufactures étaient éteints ; leurs cheminées ne laissaient plus échapper leurs noirs tourbillons de fumée ; le roulement des métiers n'animait plus nos usines ; toute circulation était interrompue et sur la voie ferrée et sur la voie fluviale.

On n'entendait ni le son strident du sifflet des locomotives, ni le grondement des trains sur le viaduc, ni le bruissement saccadé des bateaux à vapeur ; partout c'était un silence de mort ; la vie semblait même suspendue dans la nature ; une épaisse couche de neige

[1] Voir aux documents, recueil officiel, page (221).

couvrait la terre, et le fleuve, après avoir charrié ses glaçons, pendant quelques jours, s'était arrêté dans la nuit du 28 décembre : jusqu'au 22 janvier, sa surface était demeurée immobile.

Toutes les caisses publiques avaient disparu, les banques étaient pour ainsi dire fermées, les affaires étaient entièrement nulles, l'argent extrêmement rare. Nous avions eu recours au papier-monnaie pour payer aux ouvriers un salaire qu'on avait été contraint de réduire aux plus extrêmes limites ; la misère enfin était à son comble.

Dès le matin, nos rues étaient encombrées de mères de famille et d'enfants s'acheminant pour aller demander à la charité publique le pain de la journée. A midi et vers le soir, une longue file d'hommes, de femmes, de jeunes gens et de jeunes filles revenaient de la forêt avec des charges de bois dont ils cherchaient à se faire des ressources. L'exemple avait enhardi les plus timides le mal était devenu général comme la misère elle-même; c'était un spectacle navrant : Dieu nous préserve de le revoir jamais ! Espérons que l'armistice sera le prélude d'une paix durable, qu'à ces longs mois de souffrances succéderont des temps meilleurs, que le calme et la confiance ramèneront l'activité dans l'industrie et qu'enfin notre commune reprendra bientôt sa physionomie habituelle.

Nous ne terminerons pas, Messieurs, cette première partie de notre travail sans rendre hommage au patriotisme de deux honorables citoyens dont le dévoûment ne s'est pas démenti, un seul instant, pendant le temps pénible de l'occupation.

M. A. Potel, notre adjoint, a fait preuve d'un zèle au-dessus de tout éloge ; il a voulu partager nos peines, nous pourrions peut-être dire nos dangers ; toujours sur la brèche, il ne nous a pas quitté un seul instant, soit dans l'organisation de nos ateliers de charité, soit lorsque nous étions aux prises avec l'envahisseur.

M. Goreau, notre excellent commissaire, s'est multiplié dans ces pénibles circonstances : toujours prêt à nous seconder, nous l'avons trouvé soit le jour, soit la nuit, empressé à répondre à notre appel. Par son activité et son intelligence, il nous a rendu les plus grands services.

Nous éprouvons, Messieurs, la plus vive satisfaction à donner à ces deux hommes dévoués un témoignage public de reconnaissance au nom de la commune, au nom du Conseil municipal, en notre nom personnel.

OISSEL

PENDANT L'ARMISTICE.

ARMISTICE.

Le mouvement de troupes, qui s'était opéré par suite du passage du corps d'armée du duc de Mecklembourg dans notre département, se continua pendant les premiers jours de l'armistice.

Chaque jour, on vit défiler sur toutes les routes et dans toutes les directions des colonnes d'infanterie et de cavalerie et des convois considérables de chariots : l'armée allemande semblait se disposer en vue de la reprise possible des hostilités : elle voulait être prête à tout événement.

Au milieu de toutes ces évolutions, Oissel fut assez heureux pour n'avoir à loger que pendant 24 heures trois batteries d'artillerie et 400 chevaux et les habitants purent sans trouble et en toute liberté, prendre part aux élections des députés à l'Assemblée nationale qui eurent lieu le 8 février.

Mais si la commune n'eût point alors à supporter les charges de l'occupation, elle eut à partager avec le département tout entier des embarras d'un autre genre qui ne laissèrent pas de jeter le trouble dans la population.

A la date du 9 février, il plut au gouvernement allemand d'imposer au département de la Seine-Inférieure une contribution de guerre de 24 millions.[1] La répartition en fut faite entre toutes les communes au moyen d'une capitation de 5o fr. pour les villes et de 25 fr. pour les bourgs et villages. La population d'Oissel étant de 4,181 habitants, le chiffre de sa contribution devait être de 104,525 fr.

C'est en effet ce qui nous fut signifié le 15 février par un officier qui exigea de nous le reçu dont voici l'inqualifiable teneur :

« Le maire d'Oissel certifie qu'il lui a été remis au-
« jourd'hui, de la part du commandant prussien, une
« signification à cette commune de lui verser, dans un
« délai de trois jours, expirant le 18 février courant, à
« midi, une contribution de guerre de 104,525 fr.,
« sous peine d'une amende de 5 % par chaque jour de
« retard de paiement, et d'arrestation, comme prison-
« niers et otages, d'un certain nombre des habitants de
« la commune, sans préjudice du logement et de la
« nourriture d'un détachement de soldats, voire même
« du pillage de meubles et de marchandises jusqu'à
« concurrence de la somme demandée.

« Oissel, le 15 février 1871. »

Ainsi, Messieurs, ce n'était pas assez que d'avoir logé et nourri des troupes pendant plus de quarante jours, malgré notre misère ; ce n'était pas assez que d'avoir

[1] Voir aux documents, page 185.

vu arrêter les travaux ouverts pour venir en aide à nos malheureux ouvriers, que de nous avoir réduits à la triste nécessité de ne pouvoir plus les occuper que trois jours par semaine, il fallait encore à ces envahisseurs insatiables une somme d'argent représentant plus de quatorze fois le revenu annuel de la commune.

Le cas était grave, Messieurs, et notre responsabilité immense, car si personnellement notre sacrifice était fait, si nous étions résigné à tout plutôt que de donner une obole à la Prusse, nous n'étions pas libre de disposer des personnes et des biens de nos administrés, et leurs personnes et leurs biens étaient menacés.

Nous convocâmes d'urgence le Conseil municipal, les plus imposés et les notables pour délibérer sur la situation.

Ce fut le 16 février.

Vous vous rappelez, Messieurs (et qui pourrait l'avoir oublié?) l'impression pénible que produisit sur l'Assemblée la communication que nous lui fîmes de la demande du gouvernement allemand et du reçu qu'on avait exigé de nous.

Notre avis était d'opposer la plus énergique résistance à la demande faite à la commune, bien déterminé, pour notre compte, à en accepter toutes les conséquences quelles qu'elles pussent être. Mais la crainte du pillage et d'une nouvelle occupation firent hésiter la majorité de l'Assemblée: les avis se partagèrent et nous crûmes devoir remettre au lendemain la résolution définitive à prendre.

Le Conseil se réunit, à cet effet, dans la matinée du 17 et, après une longue discussion, prit la délibération suivante :

« Le Conseil,

« Sans discuter la question de savoir si, en temps « d'armistice, une contribution peut être légalement « imposée,

« Considérant que six mois de chômage et de « misère ont épuisé toutes les ressources de la com-« mune ; qu'il serait de toute impossibilité de fournir « tout ou partie de la somme demandée, »

« Délibère :

« Une Commission de deux membres, présidée par « le maire, se rendra auprès du général allemand pour « lui exposer la situation et lui demander pour la « commune décharge de la contribution. »

Vous vous souvenez, Messieurs, qu'en dehors de cette délibération, vous aviez donné à votre Commission des pouvoirs assez étendus, vous en rapportant à sa prudence pour mener à bonne fin cette affaire. Elle devait vous faire son rapport dans une séance qui fut fixée au 18 février, à dix heures du matin. C'était ce jour-là, à midi, que l'autorité prussienne devait vous faire la demande des 104,525 fr.

Le temps pressait : vos mandataires se rendirent à Rouen sans retard pour s'acquitter de la délicate et difficile mission que vous leur aviez confiée.

Nous avions été informé que des membres du Conseil municipal de la ville de Rouen et du Conseil général avaient été délégués auprès de M. Jules Favre pour l'entretenir de la question qui nous occupait et qui intéressait à un si haut degré toutes les communes du département.

Notre premier soin fut de nous rendre à l'Hôtel-de-Ville pour connaître, si faire se pouvait, le résultat de leur démarche. Chemin faisant, nous fîmes fort à propos la rencontre de l'un des délégués et du président du Conseil général qui nous donnèrent l'assurance que le ministre avait déclaré illégale la prétention de l'autorité allemande et qu'une contribution de guerre ne pouvait pas être imposée en temps d'armistice, ni par conséquent exigée.

En présence de cette déclaration, votre Commission n'hésita pas : elle fut unanime pour vous proposer de refuser catégoriquement le paiement de partie même de la contribution. C'est l'avis qu'elle vous exprima le lendemain, après vous avoir exposé les motifs qui l'y avaient déterminée. Un membre de la Commission croyait même pouvoir affirmer que, d'après la déclaration formelle du ministre, la contribution ne vous serait pas même demandée.

Toute rassurante que pût être la communication qui lui fut faite, le Conseil, conformément à l'avis de la majorité de sa commission, décida qu'il resterait en séance jusqu'à midi et demi. L'autorité prussienne pouvait très-bien ne pas partager l'opinion du gouvernement français ; il était possible d'ailleurs qu'elle tentât de toucher tout ou partie de la somme demandée : ce serait autant de pris sur l'ennemi.

A midi cinq minutes, on vint nous annoncer l'arrivée d'un détachement prussien : c'était celui que nous attendions. L'officier qui le commandait nous demanda le paiement de la contribution. Nous lui répondîmes, en votre présence, par les termes de votre délibération, et nous déclarâmes qu'il nous était impossible de lui rien donner, que nos caisses étaient vides.

Sur notre refus, l'officier, avec beaucoup de courtoisie toutefois, nous exprima le regret d'être obligé, pour obéir à sa consigne, de mettre les scellés sur les plus importantes fabriques et d'emmener des otages pris parmi les notables de la commune.

Il ne mit pas à exécution sa première menace : il n'apposa pas de scellés, mais il tint à emmener des otages.

Nous eûmes l'honneur d'être accepté sur notre proposition.

M. A. Potel, notre adjoint, quoique menacé dans ses plus chères affections, d'un malheur qu'il ne prévoyait que trop, s'offrit à son tour ; mais sur nos vives instances, l'officier prussien consentit à lui épargner cette épreuve et à le remplacer par M. O. Fauquet, conseiller municipal.

A une heure, nous étions à la disposition du capitaine prussien et de son détachement.

Messieurs, si le Maire a un mandat pénible à remplir, si dans l'accomplissement de ses devoirs il rencontre bien des difficultés à vaincre, bien des obstacles à surmonter, s'il est même exposé à se susciter bien des inimitiés, il est des circonstances, rares à la vérité, où il trouve dans la reconnaissance publique une compensation à ses peines. C'est ce que nous éprouvâmes, à l'heure de notre départ, le 18 février 1871.

Jamais, Messieurs, nous n'oublierons cette date : les marques de sympathie que vous voulûtes bien nous donner, celles que nous reçûmes des habitants, grands et petits, nous touchèrent profondément ; un jour de reconnaissance nous fit oublier des mois entiers de labeurs, de soucis et de tribulations. Que tous en reçoivent ici nos remercîments.

Le détachement prussien, composé de 80 hommes, nous conduisit, comme vous le savez, à Grand-Couronne, où nous fûmes enfermés dans une chambre de la mairie, la seule peut-être que l'ennemi eût épargnée. [1]

[1] Le Conseil municipal nous fit l'honneur de nous accompagner jusqu'à l'entrée de la forêt.

A peine avions nous commencé à suivre la route de Grand-Couronne, dont la courbe se termine à l'emphy-téose, que le capitaine, qui avait mis pied à terre et marchait à nos côtés, nous dit : « Monsieur le maire, voyez-vous ce qui se passe dans la plaine ?... C'est très-grave, très-grave pour vous.

Nous regardâmes du côté qu'il nous indiquait et nous vîmes une multitude considérable d'ouvriers qui couraient à travers champs et se dirigeaient vers une briqueterie auprès de laquelle nous devions nécessairement passer ;

Une digne et noble dame, dont les habitants de Grand-Couronne ne prononcent le nom qu'avec le plus grand respect, parce qu'elle est la Providence du pays, Mme Lefort, voulut, dans son extrême bienveillance, nous éviter, nous ne dirons pas les horreurs du cachot, mais le désagrément de passer une nuit de février dans un appartement mal clos et dépourvu de toute espèce de mobilier. Elle obtint du colonel que nous fussions logés dans une maison bourgeoise.

L'accueil cordial que nous reçumes chez notre hôte, M. Laporte, et les soins dont nous fûmes entourés

les premiers arrivés s'étaient même déjà armés de briques. Le cas était grave en effet.

Nous cherchâmes néanmoins à rassurer le capitaine et lui répondîmes de la tranquillité s'il voulait bien faire arrêter son peloton un peu avant d'arriver à la briqueterie et nous permettre de nous avancer, avec les conseillers municipaux, jusqu'à la foule dont la présence l'inquiétait.

Le capitaine y consentit et fit faire halte à l'endroit que nous lui avions désigné.

Nous devons ici rendre un hommage bien mérité au bon esprit de la population d'Oissel. Ces hommes de cœur, qui s'étaient laissés entraîner à un sentiment qui les honore et dont nous ne pûmes nous empêcher de les féliciter, cédèrent à nos conseils ; ils comprirent l'inutilité d'une résistance qui ne pouvait avoir que les plus funestes conséquences pour eux et pour nous tous ; ils se résignèrent, bien malgré eux toutefois, et consentirent à laisser défiler le détachement prussien, calmes en apparence, mais bien irrités dans le fond.

nous auraient fait oublier la perte momentanée de notre liberté, si nous n'eussions entendu, toute la nuit, sous nos fenêtres, le pas lourd des soldats allemands qu'on avait cru devoir nous donner pour gardiens.

Notre captivité ne fut pas de longue durée : nous fûmes transférés à Rouen le lendemain, conduits devant le colonel prussien et enfin rendus à la liberté sans condition, grâce à l'intervention de MM. Henri Barbet et Ducôté, membres du Conseil général.

Dans l'après-midi, nous étions de retour à Oissel, et, le soir, nous vous rendions compte de ce qui s'était passé.

Au moment où l'autorité militaire paraissait renoncer à ses prétentions, l'autorité administrative nous faisait connaître un ordre du commissaire civil relativement à la perception des impôts au profit du gouvernement général allemand.

A la date du 10 février, le préfet prussien baron de Pfuel[1] prit, à cet effet, un arrêté[2] dont nous donnâmes communication au Conseil municipal dans sa séance du 25 février. Le Conseil fut unanimement d'avis qu'il fallait s'y soumettre, les lois de la guerre pouvant à la rigueur le justifier. C'était, d'ailleurs, l'opinion émise par M. Jules Favre.

[1] Dans le courant du mois de janvier, nous avions reçu avis de la nomination du baron de Pfuel à la préfecture de la Seine-Inférieure, en remplacement de M. Cramer. (Voir aux documents. — *Recueil officiel,* page 202.)

[2] Idem, page 219.

Un appel fut fait aux contribuables et on procéda au recouvrement de l'impôt.

Le 11 mars, nous versâmes entre les mains du maire du chef-lieu de canton, une somme de 3,698 fr. 20, représentant à peu près la part de l'Etat dans les contributions perçues. Vous savez, Messieurs, que ce n'était pas un surcroît de charges pour les contribuables, puisque le gouvernement français devait leur en tenir compte dans le paiement de leurs impôts, lorsque la perception aurait repris son cours régulier.

D'après une convention intervenue entre les deux gouvernements, à la date du 26 février, les troupes allemandes ne devaient plus occuper dorénavant, dans le département de la Seine-Inférieure, que les communes situées sur la rive droite de la Seine; la rive gauche devait en être complétement débarrassée. La ville d'Oissel se trouvait par conséquent comprise parmi celles qui ne devaient plus revoir les Prussiens; personne ne s'en plaignit. La certitude de ne plus avoir de troupes à loger fut un grand soulagement pour la population; la confiance commença à renaître et les manufacturiers, pleins d'espoir, firent leurs dispositions en vue de la reprise des affaires que la signature des préliminaires de paix devait amener suivant toute probabilité.

Leurs espérances ne tardèrent pas à se réaliser et furent même dépassées. Dès que les préliminaires de paix furent signés, une ère de prospérité sembla soudainement s'ouvrir.

Le 15 mars, la plupart de nos usines rallumèrent leurs fourneaux ; quelques jours après, elles étaient presque toutes en activité, et nos ouvriers quittèrent à leur grande satisfaction, les travaux communaux pour retourner à leurs métiers.

La Providence était venue fort à propos à notre aide: nous avions épuisé nos dernières ressources.

Ainsi, Messieurs, finit une crise sans précédents dans notre histoire, crise terrible sans doute, mais qui eût été plus terrible encore sans le bon esprit dont a fait preuve notre population.

Nous avons souffert tous ensemble ; nous avons souffert de nos souffrances et de celles des autres ; nos ouvriers le savaient bien : appréciant les difficultés de notre tâche, témoins de nos efforts pour lutter contre des obstacles qui se multipliaient à l'infini, ils comprirent que le parti le plus sage était d'opposer aux malheurs du temps une patriotique résignation. C'est ce qu'ils ont eu le courage de faire, Messieurs, et vous voudrez assurément joindre vos félicitations à celles que nous sommes heureux de leur adresser.

CHEMIN DE FER DE L'OUEST

STATION D'OISSEL.

CHEMIN DE FER DE L'OUEST.

STATION D'OISSEL.

Un symptôme attristant des progrès de l'invasion fut l'arrivée du matériel des chemins de fer de l'Est à la station d'Oissel. Les premières locomotives firent leur apparition le 25 août. Le 30, il y en avait 60 en gare, dont plusieurs avaient été exposées au feu de l'ennemi et portaient de nombreuses blessures.

Les chauffeurs, auxquels il avait été enjoint de se tenir prêts à partir au premier signal, en reçurent l'ordre le 15 septembre.

Ce fut un spectacle aussi triste qu'imposant, que le départ de ces 60 machines fuyant leurs départements envahis pour aller demander asile à une contrée inconnue pour elles, qui pouvait bien elle-même n'être pas à l'abri de l'invasion.

Le 3 décembre, les locomotives du chemin de fer du Nord défilèrent à leur tour.

Le 4, la compagnie de l'Ouest cessa son service dans la soirée.

Toute la journée du 5 fut employée à l'évacuation

sur Serquigny et la Bretagne, du matériel des lignes du Havre, Dieppe et Fécamp.

Le dernier train partit d'Oissel à 10 heures du soir : les manœuvres se firent dans le plus grand silence et sans l'emploi du sifflet réglementaire.

Le 6 décembre, à 11 heures 20 minutes du matin, le chef de gare, M. Auboin, enleva l'appareil télégraphique et partit, accompagné de son personnel, pour se rendre à Saint-Aubin. Il avait à peine traversé le viaduc, qu'un bataillon allemand arrivait de Rouen, par la route de grande communication et s'arrêtait devant la station même.

Une compagnie se détacha, se rendit à l'embranchement de Tourville, enleva les rails sur une longueur d'environ cent mètres et, à son retour, barra le viaduc dans sa largeur.

Pendant ce temps, un officier cherchait l'appareil télégraphique et, ne l'ayant pas trouvé, sommait le propriétaire du buffet, M. Lecorneur, de lui indiquer l'endroit où il était.

M. Lecorneur obéit d'autant plus volontiers à cette injonction, qu'il savait parfaitement la précaution qu'avait prise M. Auboin de le faire disparaître. Il fit donc voir à l'officier la place où, il y avait à peine une demi-heure, l'appareil était encore installé. « Je m'en doutais, » se contenta de dire l'officier qui s'éloigna en grommelant.

Le bataillon quitta le quartier de la gare vers trois heures, et fut cantonné dans l'intérieur de la commune.

Dans la nuit du 3 au 4 janvier, une forte colonne prussienne, venant de Pont-de-l'Arche, s'arrêta à la station d'Oissel et, après avoir requis un habitant de la localité de lui servir de guide, se mit en route pour Grand-Couronne. Cette colonne allait augmenter l'effectif, déjà si nombreux, des troupes qui se préparaient à attaquer la position du Château-Robert.

Le 24 janvier, l'autorité allemande fit rétablir le fil télégraphique pour servir aux communications entre Rouen et Versailles.

Du 6 décembre au 26 février, la gare d'Oissel offrit un bien triste aspect : M. Auboin était revenu s'y installer et s'en constituer le gardien, mais il n'avait malheureusement ni aide, ni appui. Des gens égarés, sur lesquels l'exemple des Prussiens avait exercé la plus funeste influence, opposèrent la résistance et la force à son autorité et achevèrent avec la plus grande audace l'œuvre de destruction que l'ennemi avait commencée. Ils brisèrent toutes les clôtures, enlevèrent les serrures des portes, pillèrent un lot de charbon qui était en gare, enlevèrent une partie du mobilier, firent disparaître le calorifère et ses tuyaux, brisèrent jusqu'aux aiguilles de l'horloge et, en un mot, mirent tout dans le plus grand désordre [1].

Ces actes ne s'expliquent pas ; ils dénotent l'absence

---

[1] Je dois dire, pour l'honneur de la population d'Oissel, que les coupables étaient, pour la plupart, étrangers à la localité.

complète de sens moral chez leurs auteurs dont les mauvais instincts ne peuvent être réfrénés que par la rigueur des lois et la crainte du châtiment.

Le 26 février, le personnel de la gare vint reprendre possession de son local et on organisa le service d'un train de Rouen à Maisons-Laffite.

Le 13 mars enfin, le service fut entièrement rétabli.

LA LONDE.

LA LONDE.

———

Ce fut le 15 décembre, au nombre de 600, que les Allemands firent leur première apparition à La Londe.

Après y avoir séjourné le 16, le temps nécessaire pour explorer les environs, ils quittèrent ce village qu'ils firent surveiller, les jours suivants, par de nombreuses patrouilles détachées du poste établi au Pavillon d'O-rival.

Les troupes de l'Eure occupaient alors la vallée de la Risle et le colonel Roy venait d'en prendre le commandement en remplacement du commandant de Guilhermy, blessé à Bernay dans une émotion populaire. Bien résolu à prendre l'offensive pour tenter de débarrasser le département de l'Eure des Prussiens qui en exploitaient la partie méridionale, il prenait ses dispositions pour s'emparer de la ligne qui s'étend de La Bouille à Elbeuf et fermer ainsi la presqu'île du canton de Grand-Couronne. Peut-être se flattait-il de l'espoir que, ce premier succès obtenu, les commandants des troupes du Calvados et du Havre se décideraient à se joindre à lui pour tenter la reprise de Rouen. Le moment paraissait favorable, une partie du corps d'armée, qui occupait cette dernière ville, ayant été rappelée du côté d'Amiens où l'on croyait généralement les Allemands fortement engagés avec l'armée du général Faidherbe.

Le général Roy fixa le jour de l'attaque au 3o décembre et commença son mouvement en avant le 25 pour le continuer les 26 et 27.

Le colonel Thomas, des mobiles de l'Ardèche, reçut le commandement des troupes qui devaient agir dans la direction du château de Robert-le-Diable et le chef de bataillon Goujon, des mobilisés d'Elbeuf, fut chargé de diriger les opérations du côté d'Orival. On mit, à cet effet, sous ses ordres, outre le bataillon des mobilisés d'Elbeuf, le 3e bataillon des mobiles de l'Ardèche, les francs-tireurs de Louviers et quatre obusiers de montagne.

Ce fut le 28 décembre que les premiers coups de feu furent entendus sur le territoire de La Londe: quatre Prussiens, de garde à la ferme de la Bergerie, furent surpris et attaqués par des francs-tireurs venus du Bourgtheroulde; l'un d'eux fut tué et les trois autres faits prisonniers. On a lieu de croire que ce fait resta ignoré de l'ennemi, car la commune ne fut pas inquiétée à cette occasion. S'il en eût été autrement, à quelles terribles représailles n'eut-elle pas été exposée: une attaque de francs-tireurs! un soldat Prussien tué! trois autres faits prisonniers!! il n'en eût pas fallu davantage pour que les Allemands, dans leur haine pour les corps francs, incendiassent une partie du village.

Le 29, le commandant Goujon, qui avait reçu l'ordre

d'occuper La Londe, y arriva vers deux heures du soir et, le lendemain, il se dirigea sur Orival pour prendre position sur le plateau qui domine la Seine.

Le 31, pendant que les francs-tireurs de Louviers soutenaient un engagement contre les Prussiens cantonnés au hameau du Gravier, à Orival, une colonne ennemie d'environ 600 hommes déboucha par le chemin des Essarts et suivit l'ancienne route de La Londe dans l'intention de surprendre nos troupes.

Elle était à peine engagée dans la forêt, qu'elle fut arrêtée par les mobiles de l'Ardèche qui faisaient le service de grand'gardes et qui, secondés à temps par leurs camarades et les mobilisés d'Elbeuf, la repoussèrent jusqu'au hameau du Nouveau-Monde. Vingt Prussiens environ furent mis hors de combat : plusieurs vinrent tomber dans la grande tranchée près du passage à niveau n° 30 de la ligne de Serquigny, d'autres dans la cour de la ferme, d'autres enfin sur le chemin de fer même, dans le voisinage de la maisonnette du chef d'équipe Lemarchand, à l'obligeance duquel nous devons ces détails.

Arrivés au hameau dont nous venons de parler, les Allemands se reformèrent, reprirent les positions qu'ils occupaient la veille et commencèrent contre nos troupes disséminées dans la forêt, un feu nourri qui dura jusqu'à la fin du jour.

Nous eûmes trois morts et sept blessés.

Dans la matinée du 4 janvier, entre 7 et 8 heures, 500 Prussiens environ, détachés d'une forte colonne qui

4

marchait sur Bourgtheroulde, arrivèrent à La Londe, par le bas de l'Oraille, sans avoir rencontré de résistance : la forêt n'était pas gardée. . . . .

Nos soldats, disséminés un peu partout dans le village, se rallièrent tant bien que mal au milieu de l'obscurité produite par le brouillard ; la fusillade s'engagea d'abord sur la place de l'Oraille et aux Fiefs et se continua sur la place de l'église, où l'ennemi arriva vers 9 heures.

Après une heure et demie de combat, les Allemands qui n'étaient pas en nombre et n'avaient évidemment pas le désir de continuer la lutte, se retirèrent du côté de la forêt d'où la fusillade se fit encore entendre jusqu'à onze heures.

Les bâtiments de la ferme de Mlle Dulong, qui avaient servi d'abri à nos troupes, furent incendiés; 40 mobiles furent faits prisonniers, 30 blessés et la presque totalité des bagages des officiers du 3e bataillon de l'Ardèche et du 2e bataillon de l'Eure resta au pouvoir de l'ennemi.

Ce fut seulement alors que le commandant de Montgolfier qui avait remplacé le commandant Goujon, blessé à l'affaire d'Orival, eut connaissance de la prise du Château-Robert et qu'il s'expliqua l'arrivée des Allemands sur la Londe. Sans nouvelles des troupes du colonel Thomas, isolé sans vivres ni munitions, sans renseignements d'aucune nature, exposé à être cerné par l'ennemi du côté de Bourgtheroulde, il se décida à la retraite après avoir pris l'avis de ses chefs de corps.

Le départ fut fixé pour minuit ; il s'effectua dans le plus grand silence. La colonne se dirigea sur Elbeuf pour prendre la route de Grosteil par Thuit-Anger et Thuit-Signol. Deux bataillons de l'Ardèche marchaient en avant-garde ; venait ensuite celui de l'Eure, suivi par deux pièces Armstrong attelées, par les quatre obusiers de montagne et les quelques voitures de bagages qu'on avait pu sauver. Le bataillon de la Loire-Inférieure fermait la marche, ayant derrière lui comme extrême arrière-garde, la compagnie des mobiles de l'Eure et celle des francs-tireurs de Caen qui avaient quitté Orival dans la nuit.

Du 4 au 20 janvier, le village de La Londe fut occupé par 1500 Prussiens à la nourriture desquels la ville d'Elbeuf fut obligée de pourvoir.

Les habitants se souviendront longtemps des brutalités qu'ils y commirent : M. Baslé, ancien maire, fut une de leurs victimes. Le corps d'un soldat prussien, tué par les francs-tireurs, fut retrouvé dans la cour attenante à sa propriété, et ce fait lui valut des mauvais traitements aux suites desquels il succomba quelques mois après.

Du 20 janvier au 10 février, l'effectif des troupes fut réduit à 600 hommes, trois sections d'artillerie et un détachement de dragons.

Le 20 enfin, le village fut entièrement évacué.

Nous n'avons pas à rechercher les motifs qui déterminèrent le maire de La Londe à abandonner sa commune, mais nous ne pouvons nous empêcher de con-

stater qu'il fut du petit nombre de ceux qui ne se trouvèrent pas à leur poste pendant le temps difficile de
l'occupation. La charge de l'administration retomba
tout entière sur le secrétaire de la mairie, M. Lebled,
qui se dévoua résolûment à sa tâche, tâche rude assurément, car l'ennemi, on le sait, ne ménageait pas les
communes sur le territoire desquelles nos troupes faisaient résistance. Harcelé par des exigences de toutes
sortes, M. Lebled ne faiblit pas un instant : les difficultés doublèrent son énergie et l'on peut dire que si
le village de La Londe ne fut pas plus malheureux,
c'est bien à son dévoûment qu'il le doit.

Ce fut aussi à sa fermeté et à son intelligente intervention que la commune dut une réduction de 5,000 fr.
sur une amende de 6,000 qui lui avait été infligée
pour avoir logé des francs-tireurs.

ORIVAL.

ORIVAL.

———

Nous avons vu que le général Roy avait à peine pris
le commandement des troupes de l'Eure, qu'il s'était
décidé à tenter l'occupation des hauteurs d'Orival, de
la Maison-Brûlée et du château de Robert-le-Diable,
et qu'il avait fixé le jour de l'attaque au 30 décembre.

Le commandant Goujon, des mobilisés d'Elbeuf [1],
qui avait reçu l'ordre d'agir du côté du premier de ces
points, quitta la Londe dans la matinée du 30. —
Après avoir fait éclairer la forêt par les francs-tireurs

[1] M. Goujon, élu chef de bataillon des mobilisés d'Elbeuf, avait toutes les qualités requises pour remplir ce
poste.

Ancien adjudant de l'armée, ayant 14 ans de service,
décoré de la médaille militaire, il joignait à son goût
pour le métier des armes la prudence et le sang-froid.
Brave autant que modeste, il ne tarda pas à se concilier
la confiance et l'affection de ceux qu'il était appelé à com-
mander.

Marié et ayant dépassé l'âge de 40 ans, M. Goujon partit
volontairement.

Rentré dans ses foyers, il reçut, en récompense de ses
services, la croix de la Légion-d'Honneur.

de Louviers qui repoussèrent deux avant-postes ennemis, il y pénétra lui-même en deux colonnes: Les mobiles de l'Ardèche et l'artillerie par le rond-point et les
mobilisés d'Elbeuf par la côte Saint-Auct.

Il gagna, sans coup férir, le sommet de la colline
d'Orival, d'où l'on apercevait très-distinctement l'ennemi.

Les Allemands avaient quatre pièces pointées sur
Elbeuf; une partie des artilleurs et un nombreux
groupe de fantassins étaient autour d'un grand feu au
hameau des Bas-Fourneaux. Les soldats du génie tra-
vaillaient à miner le pont; les maisons du Gravier
étaient occupées par l'ennemi.

Le commandant Goujon prit ses dispositions pour
l'attaque; il fit mettre ses obusiers en batterie de chaque côté du pavillon et donna l'ordre à ses hommes de
se déployer en tirailleurs parallèlement à la Seine et au
chemin de fer de Serquigny.

Vers une heure et demie, au moment où l'on entendit gronder le canon du côté de la Maison-Brûlée, il
fit ouvrir le feu par sa petite artillerie dont il ne
tarda pas à reconnaître l'insuffisance. L'artillerie
prussienne, établie à Saint-Aubin, avait au contraire
d'excellentes pièces, très bien servies; elle n'eût qu'à
reculer d'une centaine de pas pour se mettre hors portée
des nôtres et continuer le feu sans courir aucun danger.
Ses projectiles traversèrent le pavillon à plusieurs
reprises et, fort heuseusement pour nos troupes, dépas-
saient de beaucoup leur position.

Nos petites pièces, devenues inutiles, furent alors mises à l'abri, et les tirailleurs engagèrent une vive fusillade avec les Prussiens embusqués dans les maisons du Gravier et du Nouveau-Monde[1].

Nos fusils à tabatière, comme nos obusiers, manquaient de portée et ne purent seconder que bien imparfaitement la bonne volonté de nos troupes ; le feu n'en continua pas moins jusqu'à la nuit.

Les pertes de part et d'autre furent presque insignifiantes ; le franc-tireur Alfred Buée, du Neubourg, fut tué, et le commandant Goujon blessé d'une balle à la jambe[2].

[1] Le 30 décembre dans l'après-midi, des délégués du Conseil municipal d'Elbeuf passèrent par Orival pour aller verser entre les mains des Allemands, le montant d'une amende de 20,000 francs qui avait été infligée à la ville, pour un coup de feu tiré sur une de leurs sentinelles, et qui devait être payée le jour même, à trois heures, au hameau des Bas-Fourneaux, dans la presqu'île de Saint-Aubin.

Ils traversaient le pont au moment de l'engagement. Nos troupes ne les reconnurent pas malgré le drapeau blanc qu'ils arborèrent ; elles crurent au contraire, à une ruse de l'ennemi et se gardèrent bien de ralentir leur feu. Les délégués auraient assurément couru de très-sérieux dangers si, au lieu de fusils à tabatière, nos soldats eussent été armés de chassepots.

Heureusement aucun d'eux ne fut atteint.

[2] M. Geffrotin, dans un ouvrage intitulé : *L'arrondissement de Louviers pendant la guerre de 1870-1871*,

Il fut remplacé par M. de Montgolfier, chef du 3ᵉ bataillon des mobiles de l'Ardèche.

reproduit le journal rédigé par M. Golvin, capitaine des francs-tireurs de Louviers :

Nous y lisons le passage suivant :

« Nous nous promenions en arrière de nos pièces avec
« le commandant Goujon qui reçoit une balle morte
« dans la jambe. Le médecin le panse, il disparaît. Tout
« à coup retentit une formidable détonation bientôt sui-
« vie d'une autre mêlée de cris de joie, le pont d'Orival
« venait de s'abattre..... Nous retournons tristes passer
« la nuit à la Londe. »

Et c'est ainsi qu'on écrit l'histoire !

Il y a évidemment confusion dans les souvenirs de M. Golvin ; nous tenons du commandant Goujon lui-même, que c'est au moment où il se précipitait pour réprimer un mouvement inconsidéré des francs-tireurs qu'il reçut une balle si peu morte qu'elle lui traversa le mollet gauche et que, pour ne pas démoraliser ses hommes, ce n'est qu'après avoir traversé à pied leurs lignes, qu'il se rendit à l'ambulance, établie au Pavillon pour faire panser sa blessure.—(Voir aux documents, page 171, lettre du général Roy au commandant Goujon.)

Quant à la chute du pont du chemin de fer que M. Golvin place au 30 décembre, tout le monde sait qu'elle n'eut lieu que le lendemain 31, à huit heures et demie du soir.

La tristesse que M. Golvin en avait éprouvée, dès le 30, était au moins prématurée.

Nous nous plaisons à rendre justice au capitaine des

Le lendemain 31, les francs-tireurs de Louviers revinrent au Pavillon, et leur lieutenant Duchemin reçut l'ordre d'occuper, avec 50 hommes, le versant de la colline qui domine le chemin de fer.

Les Prussiens sont toujours au hameau du Gravier et les soldats du génie continuent à miner le pont.

A peine les francs-tireurs ont-ils pris position qu'ils commencent le feu; les Prussiens ripostent et, dans cet échange de coups de fusils, l'éclaireur Dage est blessé et le lieutenant Duchemin, qui s'est imprudemment aventuré dans la sente du Fourneau, tombe mortellement blessé.

Pendant cet engagement, une colonne ennemie, qui avait été repoussée par les nôtres dans la forêt de La Londe et s'était retranchée dans le hameau du Nouveau-Monde, continuait contre nos troupes un feu de mousqueterie qui dura jusqu'à nuit.

Vers sept heures et demie du soir, une explosion formidable, mêlée de hourras frénétiques, se fit entendre ; les soldats du génie venaient d'achever l'œuvre de destruction à laquelle ils avaient travaillé sans relâche pendant dix jours et neuf nuits, le viaduc d'Orival était tombé.

francs-tireurs de Louviers : il s'est bravement conduit à la tête de sa compagnie, mais nous regrettons que, dans son journal, il ne se soit pas attaché à raconter les faits avec l'exactitude et l'impartialité de l'historien.

Il nous paraît du reste, d'après son récit, ne s'être pas rendu compte du but que s'était proposé le général Roy, en faisant occuper les hauteurs d'Orival.

Le 1er janvier, quelques coups de fusil furent échangés sans résultat.

Le 3, vers neuf heures du matin, une compagnie d'infanterie, de 200 hommes environ, qui était venue d'Oissel pour explorer les environs du chemin de fer, fut repoussée par les francs-tireurs après une heure de combat. L'ambulance d'Orival reçut deux morts et un blessé prussiens.

Les deux morts furent enterrés, le lendemain soir, dans le jardin de M. Cavelier, par les soins de M. Achez, instituteur et secrétaire de la mairie. Le blessé fut envoyé à l'hospice d'Elbeuf.

La journée du 4 janvier se passa sans combat ; on entendit seulement quelques coups de feu, entre 10 et 11 heures du matin, au moment où une soixantaine de Prussiens, venant de Moulineaux, traversaient la route d'Orival pour se rendre à la Londe.

Par suite des évènements de Château-Robert et de la Maison-Brûlée, les francs-tireurs de Caen et une compagnie des mobiles de l'Eure, qui avaient remplacé, la veille au soir, les francs-tireurs de Louviers, reçurent l'ordre de la retraite et quittèrent le village dans la nuit.

Orival fut dès lors définitivement occupé par les Allemands. Ils firent, à leur arrivée, des perquisitions dans les maisons pour s'assurer qu'il n'y avait pas d'armes ; ils organisèrent un service de patrouilles, établirent un poste dans la maison du sieur Theroulde, à la jonction des routes d'Elbeuf et d'Oissel, et élevèrent une barricade à l'entrée de la place de la mairie.[1]

Les soins donnés aux blessés par l'instituteur et le respect avec lequel il fit procéder à l'inhumation des

[1] On croyait généralement à Orival que la barricade, construite à l'entrée de la place de la mairie, était minée.

Sur la réquisition du chef prussien et conformément à ses instructions, un menuisier avait fait des caisses, d'un modèle particulier, destinées à contenir de la poudre. Ces caisses avaient été placées à l'intérieur de la barricade et toutes les dispositions semblaient avoir été prises pour que le moindre choc en pût déterminer l'explosion. Mais c'était une ruse du lieutenant commandant.

Comme officier du génie, il avait été chargé de faire sauter le viaduc du chemin de fer et l'on sait ce que cette opération lui avait coûté d'efforts. Il y avait épuisé toute sa provision de poudre; d'un autre côté, il n'avait que 80 hommes à sa disposition et on lui avait confié la garde du passage d'Orival. Or, il est évident que, dans ces conditions, il eût difficilement résisté à une attaque.

Pour suppléer aux ressources qui lui faisaient défaut et pour faire respecter sa barricade par les habitants, il avait imaginé de simuler un travail de mine qui, en réalité, n'existait pas.

Pour comble de précaution, il avait, de sa propre main, mis à la craie, sur la porte des habitations voisines, cette inscription qu'on voit encore aujourd'hui, 25 février 1874: *défense expresse de toucher à la barricade.*

Cette consigne fut très religieusement observée et les habitants furent fort surpris lorsque, requis le 9 janvier, morts, valurent à la commune l'indulgence de l'ennemi et la promesse qu'on n'userait pas de représailles envers les habitants.

L'adjoint et M. Achez obtinrent même du commandant prussien la liberté de deux mobiles des Landes qui furent envoyés à l'hospice d'Elbeuf.

Le village d'Orival fut occupé depuis le 5 janvier jusqu'à l'armistice.

Conformément à l'avis du maire, M. Alexandre Blay, le Conseil municipal répondit par un énergique refus à la demande qui lui fut faite de payer la contribution de guerre ; M. Deschamps fut emmené comme otage, conduit à Elbeuf et rendu à la liberté dans la soirée du lendemain.

de faire disparaître les trois barricades qui obstruaient la route, ils reconnurent que celle qui leur avait causé tant d'inquiétudes ne présentait pas plus de danger que les autres : les caisses ne contenaient pas un atôme de poudre.

GRAND-COURONNE.

GRAND-COURONNE

———

Traversé par la route nationale de Bordeaux à Rouen qui commande celles d'Elbeuf, de Bourgtheroulde et de Bourg-Achard, à cinq cents mètres de distance des travaux de défense que le département avait fait entreprendre quelques jours avant l'entrée des Prussiens dans Rouen, Grand-Couronne était un point stratégique dont l'ennemi comprit toute l'importance et qu'il se garda de négliger.

Le 6 décembre, à onze heures et demie du matin, un détachement de hussards y fit son entrée après avoir suivi et exploré les collines boisées qui dépendent de la forêt de Rouvray et dominent la vallée de la Seine ; il précédait un régiment de chasseurs du Rhin, un escadron de cavalerie et une batterie d'artillerie qui y arrivèrent, en partie dans la journée même, en partie dans la matinée du lendemain.

A peine installées, ces troupes se hâtèrent de terminer les ouvrages que le comité de défense avait, hélas! si mal à propos commencés.[1]

[1] C'est le 28 novembre que ces travaux avaient été commencés. Voici la lettre que nous reçûmes à cette occasion.

Elles achevèrent la grande tranchée qui coupait les prairies et la plaine depuis la Seine jusqu'à la côte d'Elbeuf, barricadèrent les routes et abattirent les arbres de la forêt de manière à fermer la presqu'île par une ligne qui, passant par les roches d'Oissel, venait aboutir au fleuve sur la commune de Cléon.

L'ennemi se préoccupait évidemment d'assurer sa sécurité dans Rouen et de se prémunir contre une attaque possible du côté du département de l'Eure.

En même temps qu'il construisait des travaux de

« Rouen, 26 novembre 1870.

« Monsieur et cher Collègue,

« On doit demain tracer une ligne de défense coupant la « presqu'île de Rouvray et de la Londe.

« Dès lundi on attaquera les travaux.

« Il y aura de l'emploi pour 5 à 600 terrassiers et « 150 bûcherons.

« Ces hommes recevront 2 fr. par jour, à moins qu'ils ne « préfèrent travailler à la tâche, ce à quoi seront admis tous « ceux qui le désireront.

« Je me hâte de vous en prévenir afin que vous puissiez « faire profiter vos ouvriers de cette occasion de travail; « je vais, de mon côté, prévenir ceux de Saint-Etienne-du- « Rouvray.

« Le rendez-vous pour les travailleurs est pour lundi, « au hameau des Essarts, 7 heures du matin, chaque « homme devant être muni d'une pioche.

« Agréez, etc.

« *Signé* : Raoul Duval. »

défense, il renforçait les troupes qui occupaient Grand-Couronne. Divers détachements y arrivèrent successivement et, vers la fin du mois, les 1500 habitants de ce village eurent plus de 7,000 Prussiens à loger.

Le général Roy, de son côté, à la tête d'une petite armée d'environ 8,000 hommes, méditait le projet de débarrasser le département de l'Eure des Prussiens qui en exploitaient la partie méridionale, de chasser l'ennemi de la rive gauche de la Seine et de le refouler sur Rouen.

Le 29 décembre, il prit position à proximité de la forêt de La Londe; le 30, il s'empara du Château-Robert.

Le lendemain, dans la matinée, l'ennemi s'en rendit maître, à son tour, après deux heures de combat et fit 72 prisonniers qui furent enfermés dans l'église de Grand-Couronne et conduits à Rouen le jour suivant; mais il ne conserva pas longtemps cette position : nos troupes l'en débusquèrent, dans la journée même, en lui tuant une quarantaine d'hommes, dont sept furent enterrés dans le cimetière. On a lieu de croire que c'étaient des officiers.

Tenter une nouvelle attaque dans ces conditions eût été contraire aux habitudes des Allemands; il leur fallait, pour reprendre l'offensive, outre une artillerie relativement considérable, des forces de beaucoup supérieures aux nôtres : l'armée de Manteuffel les leur fournit.[1] 3,000 hommes, dirigés sur Rouen par la ligne

---

[1] Voir aux documents page 166, situation des troupes allemandes à la fin de décembre 1870.

d'Amiens, dans la journée du 2 janvier, furent réunis à
quatre bataillons qu'on avait rappelés du pays de Caux;
on forma ainsi une colonne d'environ 6,500 hommes
qui fut envoyée, le lendemain, sur Grand-Couronne où
elle arriva, vers 7 heures du soir, avec une nombreuse
artillerie. Le village regorgeait de soldats ; il n'y avait
pas une maison de libre. Les nouveaux venus furent
obligés de bivouaquer dans les cours qui furent bientôt
éclairées par les feux qu'ils y allumèrent en grand
nombre.

L'ennemi se préparait évidemment à tenter un coup
décisif.

En effet, à une heure du matin, [1] huit habitants,

---

[1] Voici les noms des guides que les Prussiens forcèrent
de marcher en tête de leurs colonnes dans la nuit du 3 au
4 janvier :

> Bréancon, Isidore.
> Caille, Antoine.
> Caille, Alphonse.
> Jacques, Casimir.
> Leblond, Prosper.
> Legay, Hippolyte.
> Vallée, Alphonse.
> Prévost Georges.

Les nommés Caille François et Legay fils, furent conduits jusqu'à Bourgtheroulde, où on leur rendit la liberté
qui faillit leur coûter cher.

Pour rejoindre Grand-Couronne, ils suivirent le chemin
de La Londe ; arrivés dans ce village, des mobiles de

auxquels on lia les mains derrière le dos, furent contraints, sous peine d'être passés par les armes, de servir de guides à trois colonnes qui se formèrent en quelques instants : l'une se dirigea du côté du hameau des Essarts, l'autre vers Moulineaux et la troisième gravit la côte d'Elbeuf.

Au même instant, des troupes, venant de Pont-de-l'Arche, suivaient la route de Grand-Couronne et le bataillon cantonné à Oissel se divisait en deux sections dont l'une prenait la même direction, tandis que l'autre s'engageait dans le chemin des Roches.

l'Eure qui les reconnurent pour les avoir vus, le matin même, avec les Prussiens, les prirent pour des espions et les arrêtèrent.

Ces malheureux eurent beau protester de leur innocence et de leur patriotisme, les mobiles de l'Eure, qui avaient été souvent si faciles devant l'ennemi, se montrèrent sans aucune pitié pour ces hommes sans défense et ne parlaient de rien moins que de les fusiller ; c'est à Brionne qu'ils voulaient procéder à leur exécution.

Heureusement pour les deux prisonniers, un garde mobile qui, au moment de son départ, servait en qualité de domestique chez M. Lambert, adjoint au maire de Grand-Couronne, reconnut Legay pour avoir travaillé avec lui chez son patron ; il plaida énergiquement la cause de son ancien camarade ; tout s'expliqua, et Caille et Legay furent relâchés ; ils revinrent à Grand-Couronne exténués de fatigue et de besoin ; ils avaient été trois jours absents et n'avaient eu que 500 grammes de pain pour toute nourriture.

Ce mouvement s'opéra par un clair de lune magnifique et, comme si tout dût le favoriser, un brouillard des plus intenses, qui s'éleva vers 3 heures 1/2 du matin, permit à l'ennemi d'arriver à l'improviste au Château-Robert de plusieurs côtés à la fois.

Nos malheureux et imprévoyants soldats furent surpris au moment où ils s'y attendaient le moins. Après une résistance acharnée qui dura deux heures, ils furent obligés de céder au nombre et se replièrent vers la Maison-Brûlée.

A 6 heures et demie, 250 mobiles faits prisonniers furent amenés à Grand-Couronne et enfermés dans l'église.

A 4 heures du soir, 17 nouveaux prisonniers arrivèrent encore et furent conduits, le lendemain, à Rouen avec leurs camarades.

Ces 267 prisonniers formaient plus de la moitié du poste qui gardait la position du Château-Robert.

Par suite de la retraite de nos troupes vers Brionne et Pont-Audemer, les Prussiens avancèrent leur ligne au-delà de la Maison-Brûlée.

Grand-Couronne fut occupé depuis le 6 décembre jusqu'au 7 mars sans interruption.

C'était au nombre de deux ou trois mille, et quelquefois plus, que les Prussiens y arrivaient, soit le jour, soit la nuit. Ils faisaient eux-mêmes leurs réquisitions et Dieu sait dans quelle proportion!

Toutes les provisions de paille et de fourrages furent épuisées; 153 vaches furent abattues sans compter celles que fournirent les villages environnants.

Voisine du lieu du combat, cette commune eut beaucoup à souffrir de la brutalité des soldats : La veille ou le jour d'une attaque, leur fureur n'avait pas de bornes et se traduisait par des actes de sauvagerie, soit contre les personnes, soit contre les propriétés. Ce fut le jour d'un combat que la maison commune fut entièrement pillée et les archives détruites. M. Coupé, secrétaire de la mairie, qui avait voulu s'opposer à cet acte de vandalisme, fut tellement maltraité que sa santé en fut profondément altérée.

En raison de la durée de l'occupation et des lourdes charges qui en avaient été la conséquence pour les habitants, Grand-Couronne fut exempt de la contribution de guerre.

Les réquisitions qu'il eut à fournir furent estimées au chiffre considérable de 125,889 fr. 30. Quoiqu'elles n'aient pu être régulièrement faites, il y a lieu de croire néanmoins que ce chiffre n'est pas loin de la vérité.

Je ne terminerai pas ce qui concerne Grand-Couronne sans rendre hommage au dévoûment de M. Lambert qui remplit les fonctions de maire de cette commune pendant l'occupation.

Soutenu par le sentiment de son devoir et de sa responsabilité, il avait pris résolument son parti, acceptant d'avance toutes les conséquences qui pourraient résulter des événements. Pendant trois mois d'une occupation sans trève, il resta constamment à son poste, encourageant ses administrés par son exemple et ne s'inquiétant pas des brutalités et des menaces dont il fut souvent l'objet.

M. Lambert fut sans contredit un des administrateurs municipaux du canton de Grand-Couronne qui eurent, à cette triste époque, la tâche la plus pénible à remplir.

Si le courage des habitants fut soutenu par le dévoûment du chef de l'administration, il ne le fut pas moins par la présence de madame Lefort qui voulut partager avec eux les dangers et les embarras de l'occupation.

Madame Lefort n'ignorait pas que, par sa position topographique, la commune de Grand-Couronne était plus exposée que les autres, que des combats se livreraient probablement dans les environs, combats dont on ne pouvait prévoir les suites ; elle savait en outre toutes les charges qui pèseraient assurément sur elle, mais aucune de ces considérations ne la fit hésiter à accomplir ce qu'elle regardait comme un devoir ; elle résista aux sollicitations de ses amis et ne voulut pas quitter sa demeure.

Tous les habitants lui en surent gré.

Sa force morale soutint sa faiblesse physique et elle eut le bonheur de pouvoir passer sans encombre les durs mois de l'occupation. La Providence la protégea ; mais il faut dire aussi que c'est en elle qu'elle avait mis toute sa confiance et que c'est dans sa foi et sa piété qu'elle puisa son courage et sa force.

MOULINEAUX.

MOULINEAUX.

———

Le petit village de Moulineaux, situé entre le Château-Robert, qui le domine, et les travaux de défense
qui avaient été construits sur le territoire de Grand-
Couronne, avait tout à craindre en cas de lutte. Cependant, malgré les combats des 30, 31 décembre 1870,
et 4 janvier 1871, pendant lesquels il se trouva littéralement entre deux feux, il fut assez heureux pour
n'avoir point souffert des projectiles. Une seule maison,
celle de Mme veuve Duvrac, fut atteinte à deux reprises
différentes sans avoir été toutefois sérieusement com-
promise.

Mais si le village fut épargné par les obus il eut, en
revanche, beaucoup à souffrir de l'occupation. La
plus grande partie des meubles qui garnissaient les
maisons, servit à la construction des barricades et le
reste fut enlevé ou détruit par les troupes prussiennes
ou françaises qui l'occupèrent successivement. Il est
vrai que les habitations étaient désertes et que, dans
ce cas, les occupants quels qu'ils fussent, se croyaient
autorisés à les piller.

Ce fut le 7 décembre, vers une heure et demie du

matin, que les éclaireurs ennemis firent leur première apparition à Moulineaux. Ils se rendirent chez le maire, forcèrent la porte de son habitation et s'emparèrent de sa personne.

Comme M. Duhamel, qui ignorait ce qui se passait dans la forêt de La Londe, ne put répondre aux questions qu'ils lui adressèrent au sujet des francs-tireurs, ils l'emmenèrent et le contraignirent de marcher au milieu d'eux pour partager les chances qu'ils pourraient avoir à courir, en retournant à Grand-Couronne, dans le cas où des coups de feu partiraient de la forêt.

M. Duhamel ne pouvait se soustraire par la résistance aux exigences des soldats prussiens, il feignit une indisposition et se laissa entraîner, plutôt qu'il ne marcha, en donnant les signes des plus vives souffrances.

Il serait difficile de dire si ceux qui l'emmenaient en furent véritablement émus, mais nous tenons de M. Duhamel lui-même, qu'arrivés à quelque distance de la ferme du Grésil, ils lui demandèrent s'il était catholique et que, sur sa réponse affirmative, ils l'embrassèrent tous les uns après les autres et le rendirent à la liberté.

Nous racontons le fait sans trop nous l'expliquer.

Du 7 décembre au 23, divers détachements traversèrent le village dans la direction de La Bouille ou de la Maison-Brûlée.

Dans la journée du 24, un bataillon d'infanterie, une section d'artillerie et un détachement de cavalerie qui étaient venus de Grand-Couronne et avaient gravi la côte de Moulineaux, repassèrent quelques heures après.

Chacun se demandait quelle pouvait être la cause de ce déploiement de forces : était-ce une fausse alerte? Etait-ce une simple reconnaissance?

Voici le fait qui l'avait motivée :

Le 23 décembre, vers une du soir, les francs-tireurs du capitaine Lumière, embusqués dans la propriété du sieur Huignard, à Saint-Ouen de Thouberville, avaient fait feu sur deux dragons qui poussaient une reconnaissance de ce côté : l'un d'eux était tombé mortellement frappé et l'autre était revenu à toute bride donner l'éveil aux soldats du poste de la Maison-Brûlée. Ceux-ci s'étaient aussitôt portés à la rencontre des francs-tireurs : un petit engagement avait eu lieu ; six allemands avaient été faits prisonniers et le corps du dragon, emporté par ses camarades, avait été enterré dans un jardin situé sur le bord de la route.

C'est par suite de cet événement que, le lendemain 24, la colonne qu'on avait vu défiler à Moulineaux, se rendait au village de Saint-Ouen pour lui infliger une amende de 10,000 francs, enlever des bestiaux et incendier la propriété du sieur Huignard : *une maison blanche sur la gauche de la route.*

Le commandant exécuta cette consigne : il emmena trois otages : MM. le curé, l'adjoint et Piquenot, propriétaire, pour garantir le paiement de l'amende ; donna l'ordre de prendre toutes les vaches qu'on trouverait dans les fermes et enfin fit brûler la première *maison blanche* qu'on apercevait *sur la gauche de la route*, sans s'inquiéter du nom du propriétaire. Or, cette maison était celle du maire ; l'habitation du sieur Huignard se trouvait un peu plus loin.

M. Duputel, maire de Saint-Ouen, avait cru prudent de s'esquiver pour éviter d'avoir avec les Prussiens une explication qui eût pu n'être pas sans désagrément pour lui ; il ne se trouva pas sur les lieux pour défendre son foyer, et fut ainsi victime de la méprise des Allemands ; en revanche, il sauva la propriété de son administré M. Huignard.

Aussitôt après le départ de la colonne allemande, M. Sauvage, conseiller municipal, mit tout en œuvre pour réunir le montant de l'amende. Secondé par quelques personnes notables de Saint-Ouen, il y réussit dans la journée même, et s'empressa de le porter au commandant qui était logé chez Mme veuve Buquet, à Moulineaux. Grâce à lui et à ceux qui avaient bien voulu lui venir en aide, les otages furent rendus à la liberté la nuit suivante.

Le 25 décembre, les habitants du Haut-Moulineaux commencèrent à concevoir de sérieuses inquiétudes ; ils pressentaient que de graves événements allaient s'accomplir et beaucoup d'entre eux se disposaient à quitter leurs demeures.

Deux ou trois jours après, toute cette partie du village fut évacuée : la mairie même et le presbytère furent abandonnés.

L'habitation de M. Duclos qui se trouve sur la limite de la commune, mais qui fait réellement partie du premier groupe de maisons de Moulineaux, resta à peu près la seule occupée. M. et Mme Duclos, la famille de M. Broquet, ancien inspecteur des postes, leur ami, et tous les domestiques de la maison tinrent à honneur d'y rester même au plus fort de la lutte.

Cette habitation fut naturellement le logement de prédilection des officiers prussiens. Or, le 30 décembre, M. Duclos possédait un certain nombre de ces hôtes ; au moment du déjeuner, trois soldats entrèrent précipitamment dans la salle à manger en annonçant l'arrivée des troupes françaises.

Les officiers se levèrent à la hâte, montèrent à cheval et disparurent.

Quelques instants après, la fusillade éclata et l'on vit les Prussiens revenir à la débandade et s'enfuir effarés dans la direction de Grand-Couronne : la position du Château-Robert venait d'être prise par nos troupes.

Enivrés par ces faciles succès, les francs-tireurs se persuadèrent qu'avec un peu d'audace, ils pourraient se rendre maîtres de Grand-Couronne. Oubliant donc la défense qu'on leur avait faite de dépasser Moulineaux, ne voulant tenir aucun compte de l'avis qu'on leur donna que des travaux de défense, construits à peu de distance du village, rendraient assurément leur tentative inutile, ils entraînèrent avec eux le 3e bataillon des mobiles de l'Eure, et se précipitèrent à travers champs à la poursuite de l'ennemi ; mais ils furent presqu'aussitôt arrêtés, dans leur course imprudente, par les balles et les obus que les Prussiens firent pleuvoir de la tranchée et de la côte d'Elbeuf dont les banquettes avaient merveilleusement servi à l'installation de leurs pièces.

Le lieutenant Conrad de Champigny fut blessé mortellement d'un éclat d'obus [1], un mobile tomba expirant devant l'habitation de M. Duclos, entre les bras de l'abbé Odieuvre, aumônier des mobiles de l'Eure, deux autres furent tués entre la ferme du Grésil et le village; douze blessés furent transportés au château de M. Delaville, dans le voisinage de la Maison-Brûlée.

Moulineaux fut occupé, le jour même, par les mobiles.

Le lendemain 31 décembre [2], vers midi, les Prussiens reprirent la position de Château-Robert, qui ne resta

---

[1] Sur le côté gauche de la route de Grand-Couronne à Moulineaux, entre ce dernier village et la ferme du Grésil, on voit une croix en pierre, d'un style aussi simple que sévère, qui porte cette inscription :

AU LIEUTENANT CONRAD BROCHARD

COMTE DE CHAMPIGNY

Mortellement frappé le 30 décembre 1870

Ses camarades du 3e bataillon des mobiles de l'Eure.

[2] Voir au chapitre de la Maison-Brûlée, l'extrait du rapport du lieutenant-colonel Power, relatif à la journée du 31 décembre.

que quelques instants en leur pouvoir ; nos troupes revinrent en force et les en délogèrent après deux heures de combat.

Dans l'après-midi du 3 janvier, deux parlementaires allemands.[1] eurent une assez longue entrevue avec un officier de mobiles auquel ils remirent une dépêche pour son commandant.

Quel était le motif de cette entrevue ? Quel était le contenu de la dépêche ? Nul ne l'a su à Moulineaux. Mais un garde-forestier Vallée (Clérisse), ancien militaire, qui habitait la maison forestière de Mare-Dotte, et qui logeait une partie des officiers du poste du Château-Robert, fit, à propos de cet incident, cette réflexion dont il fit part à ses hôtes, que si les Allemands se préparaient à une attaque, ils emploieraient assurément tous les moyens, même les plus insignifiants en apparence, pour éloigner tout soupçon ; que, pour lui, l'en-

---

[1] « Le 3, un parlementaire prussien était venu se pré-
« senter près de Moulineaux, porteur de lettres adressées
« par les prisonniers à leur famille. Il remit en même
« temps une lettre officielle adressée au général Roy, et
« signée par le colonel de Burg, chef d'état-major du 1er
« corps d'armée, dans laquelle on demandait des nou-
« velles d'un attaché aux ambulances allemandes qui avait
« été pris quelques jours avant dans nos lignes.
« On devait venir chercher la réponse le *lendemain 4*
« *janvier.* »
(Extrait du rapport du lieutenant-colonel Power.)
Le garde Vallée n'avait peut-être pas tort.

6

trevue n'était qu'un prétexte dont ils voulaient tirer parti, que tout ce qu'il remarquait d'ailleurs dans les environs lui faisait supposer que la position du Château-Robert était sérieusement menacée et qu'on ferait bien de se tenir sur ses gardes. Mais personne ne voulut partager ses craintes et, officiers et soldats, après avoir passé une partie de la nuit dans la plus grande insouciance, s'endormirent dans la plus profonde sécurité, sécurité du reste partagée par le commandant des troupes qui, dans la journée même, avait dégarni la position du Château-Robert de plusieurs compagnies et de deux pièces de canon. Ils étaient, hélas ! loin de penser qu'à ce moment même l'ennemi veillait et se mettait en marche pour les surprendre.

En effet, vers cinq heures du matin, de nombreuses colonnes ennemies qui, à la faveur du brouillard le plus épais, s'étaient avancées, sans avoir été aperçues, cernent la position. Les premiers coups de feu, dont une sentinelle est victime, donnent l'éveil. Les mobiles, surpris dans leur sommeil, se précipitent sur leurs armes ; un combat s'engage dans la plus profonde obscurité : amis et ennemis tout se confond ; les coups portent au hasard sans qu'aucun des combattants puisse reconnaître dans quels rangs il fait ses victimes. Ce fut, deux heures durant, une horrible confusion, une affreuse mêlée.

La résistance fut vraiment héroïque [1] mais elle ne

[1] L'adjudant du colonel de Massow, à son retour du combat du Château-Robert, dans la soirée du 4 janvier,

pouvait pas se prolonger, la lutte était trop inégale ; nos soldats furent obligés de céder au nombre et ceux qui purent échapper à l'ennemi rejoignirent la réserve au carrefour de la Maison-Brûlée.

15,000 prussiens prirent part à cette action, la position de Château-Robert n'était défendue que par 500 mobiles. [1]

me fit le plus grand éloge des mobiles de l'Ardèche : «Braves soldats ! me disait-il, hommes de cœur !» et à l'appui de son dire, en termes que je n'ai pu oublier et que je tiens à reproduire textuellement, il me raconta ce triste épisode :

« Nos hommes, me dit-il, ont pris un jeune soldat de « 20 ans, ils lui ont dit de demander pardon, il n'a pas « voulu ; ils lui ont dit une seconde fois, il n'a pas voulu « encore, et nos hommes l'ont tué. C'est beau, Monsieur, « très-beau ! »

La conduite de ce jeune mobile fut assurément héroïque, mais comment qualifier celle des soldats prussiens !

[1] « Pendant la nuit du 3 au 4 janvier, le plateau de « Château-Robert ainsi que ses postes avancés était oc-« cupé par la plus grande partie du deuxième bataillon de « l'Ardèche et par deux compagnies du 3e des Landes.

« De fortes grand'gardes étaient établies près du chemin « de fer et sur le mamelon situé en avant du Château. La « nuit fut d'une rigueur exceptionnelle et un certain « nombre d'hommes fortement éprouvés déjà par le froid « qu'ils avaient eu à endurer pendant les nuits précé-« dentes, s'étaient esquivés pour aller chercher un abri « dans les chaumières situées sur le bord de la forêt. « Aucun renseignement sérieux n'avait pu parvenir de

Les pertes de part et d'autre furent dans la proportion des combattants. Le garde Vallée vit charger, devant sa seule maison, 22 voitures de morts et de blessés prussiens; on peut juger du reste.

L'ennemi poursuivit sa marche du côté de la Maison-Brûlée, d'où la fusillade se fit entendre jusqu'à midi.

Entre cinq heures et demie du matin et la fin du jour, on vit passer plusieurs convois de prisonniers dont le nombre put être évalué à 150.

Ces prisonniers furent conduits à Grand-Couronne.

A dater de cette époque, Moulineaux fut très-irrégulièrement occupé.

Le 9 janvier, une compagnie du génie qui avait quitté Oissel dans la matinée, vint y séjourner pour achever les travaux de défense qu'elle avait commencés les jours précédents dans la forêt.

Pendant le reste du mois, ce fut à Moulineaux, un va-et-vient presque continuel de voitures de réquisitions, voitures d'ambulance, détachements d'infanterie et de cavalerie.

Les dernières troupes qui y passèrent appartenaient au corps d'armée du duc de Mecklembourg ; le défilé dura presque une journée entière ; on estima à 1500 le

« Rouen ni de Grand-Couronne pour nous prévenir des
« mouvements de troupes qui s'étaient opérés pendant la
« journée du 3 et de la concentration faite à Grand-Cou-
« ronne pendant la soirée et la nuit. »
(Extrait du rapport du lieutenant-colonel Power.)

nombre de voitures et chariots de toute espèce qui en faisaient partie.

900 cavaliers séjournèrent deux jours dans le village ; la propriété de M. Duclos fut entièrement envahie. Les rez-de-chaussée de toutes les habitations furent convertis en écuries. Ce furent deux jours pénibles à passer, mais ce furent les derniers.

A dater du 27 janvier, Moulineaux fut entièrement évacué.

Le 31, on retrouva fort à propos dans l'Eglise, sur les marches de l'autel, les vases sacrés qui avaient été volés quelques jours auparavant.

Le 1er février, le pasteur de la paroisse revint occuper le presbytère et, le 2, il put célébrer la messe de la Chandeleur, à la grande satisfaction des habitants.

Les réquisitions ne purent être faites régulièrement à Moulineaux ; elles furent estimées au chiffre de 34,891 fr. 68. [1]

[1] C'est à l'extrême obligeance de M. Duclos et de M. Broquet, ancien inspecteur des postes, que je dois les renseignements qui concernent Moulineaux ; j'en puis d'autant plus garantir l'exactitude que ces Messieurs ont été témoins des faits qu'ils m'ont racontés et que M. Broquet a bien voulu me communiquer les notes qu'il avait prises, jour par jour, heure par heure, pendant les événements.

LA BOUILLE.

LA BOUILLE.

Des éclaireurs prussiens vinrent à La Bouille dans la soirée du 7 décembre et s'adressèrent au maire, M. Drapeau, pour savoir s'ils n'avaient rien à craindre des francs-tireurs. Sur la réponse que leur fit M. Drapeau qu'il ne pouvait répondre que du bourg, mais nullement des hauteurs boisées qui le dominent, ils rebroussèrent chemin et regagnèrent au plus vite la route de Grand-Couronne.

Du 10 décembre au 29, La Bouille fut constamment occupée, tantôt par un bataillon, tantôt par deux, renforcés par une section d'artillerie.

Le général de Boissey, d'origine française, vint s'y établir à deux reprises différentes.

Le 29 décembre, les Prussiens ayant concentré toutes leurs forces à Grand-Couronne, La Bouille fut évacuée ; elle fut réoccupée, à dater du 4 janvier, jusqu'au 8 mars.

La municipalité de cette commune, vu la modicité de ses ressources, ne crut pas devoir prendre la responsabilité des réquisitions. Les Prussiens les firent eux-mêmes. Elles furent estimées à la somme de 25,652 francs.

Le jour du départ du 1er grenadiers, il ne restait plus une seule vache dans la Bouille. Le capitaine.-

trésorier, qui en eut connaissance, alla trouver le maire et lui déclara que le bourg ayant fourni plus que son contingent de réquisitions, il voulait l'indemniser en lui laissant quelques bestiaux.

Il laissa, en effet, onze vaches, un porc, quatre oies et une certaine quantité de paille et de foin.

Le porc et les quatre oies furent donnés aux indigents ; quant aux vaches et aux fourrages, on en fit profiter ceux qui avaient le plus souffert des exigences de l'ennemi.

Cet acte de justice distributive, à la prussienne, ne fut pas goûté des propriétaires des communes voisines qui avaient fourni les bestiaux et les fourrages. Ils vinrent les réclamer en offrant en échange leurs bons de réquisition et en menaçant d'intenter une action à la commune si elle ne faisait pas droit à leur demande, mais leurs menaces ne furent pas suivies d'effet et l'affaire en resta là.

La commune de La Bouille fut une de celles qui refusèrent de payer la contribution de guerre.

MM. Drapeau et Delaville père furent emmenés comme otages le 18 février, conduits à Grand-Couronne et, le lendemain, à Rouen, où ils furent rendus à la liberté sans condition.

Les faits les plus importants à signaler, concernant La Bouille, sont ceux qui se passèrent chez M. Delaville fils, au carrefour de la Maison-Brûlée : ils présentent assez d'intérêt pour qu'un chapitre spécial leur soit consacré.

LA MAISON BRULÉE.

LA MAISON-BRULÉE. [1]

Au sommet de la côte de Moulineaux, les routes de Bourgtheroulde, de Bourg-Achard et de La Bouille forment un carrefour où se trouvent, d'un côté, la Maison-Brûlée et de l'autre le château de M. Delaville qui domine le magnifique bassin de la Seine.

Ce carrefour, qui limite les quatre communes de Moulineaux, La Bouille, La Londe et Saint-Ouen-de-Thouberville, servit de lieu de campement tantôt aux troupes françaises, tantôt aux troupes prussiennes, et fut, par suite, le théâtre d'événements dont M. Delaville a bien voulu nous communiquer les détails et que nous allons essayer de raconter :

Il y avait à peine douze heures que les derniers soldats de la division de la Seine-Inférieure, battant en retraite après l'affaire de Buchy, étaient passés au carrefour de la Maison-Brûlée, lorsque le 6 décembre, à huit heures du soir, quatre hussards prussiens vinrent en éclaireurs reconnaître les environs et s'assurer que le passage était libre.

Le 8, à dix heures du matin, la tête d'une colonne dont on ne pouvait apprécier l'importance, parce qu'elle s'étendait au-delà du lacet formé par la route de

[1] D'où vient le nom de la Maison-Brûlée ? Voir à la fin des documents.

Moulineaux, s'arrêta à ce même carrefour et, après
une halte d'environ une heure, qui fut employée à faire
des réquisitions et des perquisitions dans le château
voisin, elle continua sa marche dans la direction de
Bourg-Achard.

Le défilé dura jusqu'au soir; son effectif put être
évalué à 10,000 hommes; il se composait d'infanterie,
d'artillerie et d'un nombre considérable de chariots et
de voitures de toute espèce.

Le 12, vers deux heures du soir, un lieutenant vint
annoncer à M. Delaville l'arrivée d'un bataillon du
43º prussien et le prévenir que les officiers et leurs ordonnances logeraient dans son château, les soldats
dans les bâtiments voisins, et que le commandant se
chargeait de veiller à l'installation de ces derniers. En
effet, pendant que le lieutenant parcourait l'habitation
de M. Delaville, marquait à la craie les chambres que
chacun devait occuper et faisait ses recommandations,
tant au sujet du service que de la nourriture [1], le

[1] Les officiers prussiens ne mettaient pas tous en pra-
tique le proverbe : *à la guerre comme à la guerre.*

Si certains d'entre eux étaient relativement peu exi-
geants, d'autres, en revanche, l'étaient beaucoup : ainsi,
le premier commandant que logea M. Delaville, ne voulait ni mouton, ni poulet : celui qui le remplaça, le baron
de Hüllessem, un friand celui-là, avait déclaré vouloir, à
tous les repas, des huîtres et des plats sucrés. Des
huîtres, à la Maison-Brûlée, en décembre 1870!......
Heureusement pour M. Delaville, cet officier ne sé
journa chez lui qu'une seule nuit.

commandant donnait lui-même les ordres nécessaires pour faire évacuer les écuries et les étables, vider les bâtiments ruraux, disposer enfin tous les abris pour pouvoir y loger ses hommes, et ce ne fut qu'après s'être assuré qu'ils étaient tous convenablement casés qu'il se rendit dans l'appartement qui lui était destiné, sans s'inquiéter, du reste, en aucune façon des dégâts qui pourraient être commis dans la propriété de son hôte. Les soldats usèrent largement de la liberté qu'on leur laissa sous ce rapport : les portes et les clôtures furent brûlées, les fûts de cidre défoncés, le blé et l'avoine en gerbes gaspillés; ce fut enfin un pillage insensé que les troupes qui se succédèrent jusqu'à la fin du mois, continuèrent, à l'exemple des premiers occupants.

Dans l'intervalle du passage des troupes à la Maison-Brûlée, l'ennemi faisait habituellement garder le carrefour par deux vedettes, mais, le 28 décembre au soir, ce fut un détachement d'infanterie qui fut chargé de ce service; le général Roy venait de prendre position à proximité de la forêt de la Londe, et la nouvelle, qui en était parvenue au colonel allemand, ne fut peut-être pas étrangère à cette mesure. Un poste fut donc établi à l'entrée de la propriété de M. Delaville.

La sentinelle était à peine posée qu'un coup de feu parti de la forêt mit tous les hommes de garde en émoi : on les vit disparaître en un clin-d'œil et s'enfuir à travers bois dans la direction de Moulineaux, où l'alarme fut bientôt donnée.

Une heure s'était à peine écoulée, qu'un nombreux détachement arrivait chez M. Delaville, faisait ouvrir les portes de son habitation pour y rechercher des francs-tireurs qui ne s'y trouvaient pas, et, après avoir prodigué force menaces et brutalités au propriétaire, revenait au carrefour pour y former un poste.

Le lendemain matin, ce poste fut relevé par deux vedettes.

Vers midi, une cinquantaine de mobiles de l'Ardèche, qui avaient été envoyés en reconnaissance et s'avançaient à travers les vergers de Saint-Ouen, aperçurent les deux cavaliers et firent feu dans leur direction; ceux-ci s'enfuirent au plus vite pour regagner les avant-postes et laissèrent ainsi le champ libre. Les mobiles en profitèrent pour prendre à la hâte quelques renseignements et retournèrent à Saint-Ouen sans plus attendre.

Si le premier coup de feu, parti de la forêt de La Londe, avait déjà valu à M. Delaville des mauvais traitements et des vexations sans nombre, le second n'eut pas pour lui des conséquences moins fâcheuses. Une compagnie d'infanterie arriva presque aussitôt et cerna son habitation ; il fut arrêté, ainsi que les hommes à son service, et conduit brutalement jusqu'au carrefour, où on le retint prisonnier.

D'un autre côté, Mme Delaville et ses servantes furent gardées à vue par des soldats furieux qui les menaçaient de leurs bayonnettes pendant qu'on faisait la visite du château jusque dans ses moindres recoins.

Cette perquisition ayant été sans effet, comme la première, le capitaine commandant fit rendre la liberté aux prisonniers.

Le 30, jour fixé par le général Roy pour l'attaque des positions d'Orival et du Château-Robert, la colonne qui devait agir sur ce dernier point arriva, à une heure du soir, sur le plateau de Saint-Ouen-de-Thouberville.

Elle se composait des premier et deuxième bataillons des mobiles de l'Ardèche, du troisième des Landes, du troisième de l'Eure et de quelques compagnies de francs-tireurs.

N'ayant rencontré aucune résistance à la Maison-Brûlée, elle continua sa marche en avant, chassa les Prussiens de Moulineaux, s'empara du château de Robert-le-Diable, et, après avoir établi des postes pour garder les positions qu'elle venait de conquérir, elle revint camper au carrefour de Saint-Ouen.

Douze blessés furent apportés chez M. Delaville, où ils reçurent les premiers soins, en attendant qu'on pût les transférer à Bourgtheroulde.

Les troupes dont nous venons de parler étaient, à leur arrivée, sous le commandement du chef de bataillon Bertrand. Le lieutenant-colonel Thomas, commandant le 41ᵉ régiment provisoire des mobiles de l'Ardèche vint le remplacer, dans la journée du lendemain, et prendre la direction des opérations.

Quoiqu'ancien capitaine du génie, le colonel Thomas n'avait aucune des qualités de l'homme de guerre :

7

ennemi de tout ce qui pouvait troubler son repos, aimant la table et la bonne chère, il ne pouvait s'accommoder de la vie des camps et les habitudes d'intempérance qu'il avait malheureusement contractées lui faisaient trop souvent oublier ses devoirs et la responsabilité que lui imposait son grade.

Il ne serait pas juste de dire qu'il manquait de toute bravoure ; il en avait assez pour se défendre, mais il était froid pour l'attaque. C'était, en somme, un épicurien que l'imminence du danger ou une violente secousse étaient seules capables de faire sortir de son apathie.

Il paraissait du reste se soucier fort peu de son commandement et ne s'inquiéta nullement, à son arrivée, des dispositions à prendre pour conserver les avantages que ses troupes avaient remportés la veille.

En vain M. Delaville appela-t-il son attention sur les travaux de défense qu'on aurait pu faire pour mettre obstacle au passage de l'ennemi ; en vain lui offrit-il de lui procurer des ouvriers pour faire des abattis dans la forêt ou pour couper la route, le colonel resta sourd à ses propositions, convaincu que l'ennemi ne serait pas assez téméraire pour oser tenter une attaque.

Il fit toutefois, sur l'ordre du général Roy, requérir, dans les communes environnantes, des outils de bûcheron et de terrassier et les fit déposer en partie chez M. Delaville et en partie au Château-Robert. Mais ces outils, dont il n'avait jamais eu probablement l'intention de se servir, furent bien vite oubliés et, le 4 janvier, les Prussiens les trouvèrent aux endroits dont nous venons de parler et tels qu'on les y avait mis.

Les événements qui eurent lieu le lendemain 31, sont détaillés dans un très-intéressant rapport rédigé avec autant d'impartialité que de modestie par le lieutenant-colonel Power, chef d'état-major du général Roy.

M. Power a eu l'obligeance de nous communiquer son travail ; nous ne croyons pouvoir mieux faire que d'en extraire le passage suivant relatif à cette journée.

« Le 31, dès le matin, le général Roy partit du « Bourgtheroulde pour visiter les positions conquises, « la veille, par nos troupes.

« Après s'être arrêté quelque temps à la Maison- « Brûlée, où le colonel Thomas s'était établi, il se diri- « gea vers le Château-Robert; cette position était oc- « cupée par la compagnie des francs-tireurs de l'Eure, « capitaine Thionet, et par une compagnie des mo- « biles des Landes. Deux postes détachés de ces com- « pagnies avaient été établis : l'un à droite, sur la ligne « du chemin de fer de Serquigny, l'autre sur le ma- « melon qui se trouve en avant.

« Au moment où le général approchait du château, « un homme du poste du mamelon arriva en courant « annonçant que ses camarades avaient été surpris.

« Au même instant, en effet, les Allemands apparu- « rent sur la crète et firent pleuvoir sur le plateau une « grêle de balles tandis que leur artillerie, établie der- « rière la tranchée de Grand-Couronne, envoyait des

« obus qui tombaient au pied du plateau, du côté de
« Moulineaux.

« Nos soldats ripostèrent vivement : dès les premiers
« coups, ils virent tomber un capitaine prussien qui
« s'avançait à cheval au centre de la ligne des tirail-
« leurs ennemis.

« Quelques instants après, le poste du chemin de
« fer était aussi attaqué par des forces relativement
« considérables et obligé de se replier après quelques
« décharges. L'ennemi s'étendit alors à droite pour cerner
« le château et le combat se trouva engagé sur tout le
« plateau.

« Peu à peu un certain nombre des nôtres, voyant le
« mouvement tournant de l'ennemi, cherchèrent à se
« retirer, à travers bois, vers la Maison-Brûlée; plusieurs
« d'entre eux tombèrent entre les mains de l'ennemi.

« Sur la plate-forme du château, le capitaine Thionet,
« avec une trentaine de francs-tireurs et de mobiles,
« résistait avec acharnement ; mais bientôt les muni-
« tions manquèrent, quelques-uns parvinrent encore à
« s'échapper; quant au capitaine Thionet, n'ayant plus
« que quelques hommes autour de lui et entouré de
« toutes parts, il dut céder au nombre et se rendit après
« avoir obtenu d'un capitaine prussien qu'il saisit à la
« gorge en le menaçant de son revolver, la promesse
« formelle qu'il ne serait fait aucun mal à ses francs-
« tireurs, dont quelques-uns n'avaient pas d'uniforme
« complet, et qu'ils conserveraient tous leurs sacs et
« leurs effets.

« Durant l'action, les francs-tireurs du Puy-de-
« Dôme et ceux de la Charente-Inférieure, environ une
« soixantaine d'hommes, étaient accourus au bruit de
« la fusillade et avaient pris part au combat.

« Pendant ce temps, le général s'était occupé active-
« ment de rassembler des troupes pour dégager celles
« qui se trouvaient sur le plateau. Une compagnie de
« l'Ardèche et une des Landes, qui occupaient Mouli-
« neaux qu'elles venaient d'évacuer en voyant le mou-
« vement de l'ennemi sur les hauteurs, furent d'abord
« envoyées; elles trouvèrent les Allemands déjà maîtres
« du plateau et se retirèrent après avoir échangé quel-
« ques coups de feu, ne se croyant pas assez fortes
« pour reprendre vigoureusement l'offensive.

« Les autres compagnies, cantonnées autour de la
« Maison-Brûlée, furent promptement rassemblées et
« également envoyées à travers la forêt vers le Château-
« Robert ; mais la vue des morts et des blessés que l'on
« rapportait et les récits de ceux qui revenaient, après
« avoir quitté le combat, produisaient sur les jeunes
« soldats une certaine indécision qu'augmentait en-
« core leur ignorance des chemins de la forêt.

« La situation devenait critique, il était à craindre
« que l'ennemi ne s'emparât de la Maison-Brûlée avant
« l'arrivée du bataillon de l'Ardèche, cantonné au
« Bourg-Achard, auquel on avait envoyé un exprès,
« dès le début de l'action, ainsi qu'aux bataillons de
« l'Eure cantonnés au Bourgtheroulde.

« A cet instant, heureusement, arrivèrent deux nou-

« velles compagnies : les deuxième et sixième du deu-
« xième bataillon de l'Eure ; elles étaient commandées
« par de jeunes officiers pleins d'ardeur et composées
« en partie de jeunes gens du pays connaissant parfai-
« tement la forêt ; elles n'hésitèrent pas à se porter en
« avant.

« Déjà les éclaireurs ennemis avaient atteint le
« sommet de la crête et n'étaient plus qu'à quelques
« centaines de mètres de la Maison-Brûlée.

« Le capitaine de Bonnechose, qui commandait ce
« détachement, fit déployer en tirailleurs ses deux
« compagnies et la fusillade s'engagea immédiate-
« ment.

« Les Allemands, surpris de ce retour offensif auquel
« ils ne s'attendaient pas, s'arrêtèrent et bientôt les
« tirailleurs ennemis se replièrent devant les nôtres
« vers le Château-Robert.

« Cette position fut elle-même attaquée avec vigueur
« et reprise par nos soldats.

« Ceux-ci, en arrivant sur le bord du plateau, purent
« alors apercevoir une forte colonne ennemie qui se
« trouvait sur la route ; ils la criblèrent de balles et elle
« se mit aussitôt en retraite vers Grand-Couronne en
« emportant des morts et des blessés.

« Pendant ce temps-là, les compagnies restées sur
« le bord de la forêt avaient repris un peu d'assurance
« et plusieurs d'entre elles arrivèrent à la suite des mo-
« biles de l'Eure sur le plateau du Château-Robert.

« Nous restions donc maîtres de cette position, mais

« nos pertes avaient été malheureusement sensibles;
« outre soixante-douze mobiles et francs-tireurs faits
« prisonniers par l'ennemi, nous eûmes au Château-
« Robert dix ou onze tués et une trentaine de blessés.

. . . .

. . . .

. . . .

« L'importance des troupes Allemandes qui prirent
« part à l'attaque de Château-Robert, dans cette journée
« ne nous était pas alors exactement connue ; les docu-
« ments allemands nous l'apprennent : voici d'abord
« la dépêche adressée, le jour même, de Versailles à
« Berlin :

Versailles, 31 décembre.

« *Le général Manteuffel annonce que cinq batail-*
lons de la 1re division ont fait aujourd'hui une pointe
de Rouen sur la rive gauche de la Seine, vers des
forces ennemies qui s'avançaient de Brionne jusqu'à
Moulineaux et Grand-Couronne. Celles-ci furent
en partie dispersées, en partie jetées dans le château-
fort de Robert-le-Diable qui fut pris d'assaut par
nos troupes.

« *L'ennemi perdit beaucoup de morts et environ*
cent prisonniers, parmi lesquels on prétend que se
trouve le chef des francs-tireurs de la contrée.

« *Un avis officiel de Paris rapporte que le plateau*
d'Avron, le 27 décembre, a infligé des pertes sé-

rieuses à l'ennemi. On cite les noms de dix-sept offi-
ciers tués ou blessés dans cette affaire.

Signé: DE PODBIELSKI.

Une lettre trouvée sur un officier prussien, tué le
4 janvier, donne quelques détails intéressants sur cette
journée.

Mon cher....

« *Nous avons encore terminé l'année par un valeu-*
reux combat ; Dieu nous y est encore venu en aide.

« *Le 30 au soir, les Français attaquèrent nos posi-*
tions d'avant-hier à Moulineaux. Comme nous étions
en trop petit nombre (il n'y avait que deux compagnies
avec une batterie, la veille, à Moulineaux et une ré-
serve à Grand-Couronne), nous dûmes battre en re-
traite. C'est là que nous passâmes la nuit du 30 au
31 décembre derrière nos tranchées.

« *Pendant cette nuit, deux de nos bataillons et un*
bataillon du 1er régiment et une batterie de renfort
nous arrivèrent de Rouen.

« *Le 31 au matin, notre petit corps était rangé en*
bataille ; nous sentant les plus faibles, nous gardâmes
l'expectative jusqu'à deux heures. Les Français
n'ayant pas attaqué, notre commandant se décida à
marcher en avant formant deux colonnes d'attaque
sur Moulineaux qui, par sa nature, est gigantesque-
ment fortifié ; à gauche, il est dominé par une mon-
tagne ; à droite, se trouve une vallée impénétrable et

ses devants sont couverts de haies qui offrent à l'infanterie les meilleures cachettes. Si je dépeins ces positions d'une manière si précise c'est que j'ai dû les observer particulièrement.

« A deux heures, nos canons ouvrent la danse; après quelques coups, nos colonnes s'avancèrent (ici se trouve un croquis à vol d'oiseau des positions.)

« Inebranlables, nous défilâmes fanions en tête devant le lieutenant-colonel Hulligen, commandant notre régiment, qui avait dû, la veille, se replier n'étant pas en force. Il se plaça en tête de notre première compagnie et la conduisit à l'assaut des hauteurs à gauche ; nous enlevâmes les positions et nous nous trouvâmes nez à nez avec les Français à deux pas d'eux [1] . . . .

[1] L'auteur de cette lettre se garde bien de dire la vérité sur les détails de cet épisode ; voici ce que m'a raconté, à ce sujet, le lieutenant-colonel Power :

Le 31 décembre, au moment de la prise du Château-Robert par les Allemands, le lieutenant-colonel du 41e régiment prussien, accompagné d'un capitaine et de quelques hommes seulement, s'avançait sous bois, à quelque distance du reste de ses troupes, lorsqu'il se trouva tout à coup en présence de deux compagnies de mobiles : l'une des Landes, capitaine de Behr, l'autre de l'Ardèche, capitaine Tournaire, lesquelles avaient été envoyées au secours du poste du Château-Robert. Les Prussiens, se voyant pris, ne trouvèrent rien de mieux, pour se tirer de ce mauvais pas, que de lever la crosse en l'air et de faire mine de se rendre. Le lieutenant-colonel, de son côté, cria au

. . . .
sur l'ordre de mon colonel, vous êtes mon prisonnier,
le capitaine français répondit : mais non, vous le
capitaine de Behr de faire cesser le feu ajoutant, d'après
les récits prussiens : *rendez-vous,* et d'après le capitaine de
Behr : *nous nous rendons.*

Le feu cessa, et les mobiles des Landes considéraient si
bien les Prussiens comme leurs prisonniers qu'ils s'amu-
sèrent à prendre leurs casques. Le capitaine de Behr
s'avança alors à la rencontre du lieutenant-colonel et lui
demanda ses armes : « Vous êtes trop jeune, lui répondit
celui-ci, pour que je me rende à vous; c'est vous au contraire qui êtes mon prisonnier »

Le capitaine de Behr était loin de partager cet avis; il
arracha la croix que le lieutenant-colonel portait sur la
poitrine et voulut le saisir, mais celui-ci lui tira deux coups
de revolver que le capitaine évita heureusement. Pendant
cette scène, le reste du bataillon prussien avait eu le temps
d'arriver : les rôles changèrent ; nos deux compagnies de
mobiles se trouvèrent, à leur tour, très-inférieures en
nombre et furent obligées de se retirer du côté de Saint-
Ouen, après avoir échangé quelques coups de feu avec
l'ennemi.

Le général Roy fit allusion à ce fait dans une dépêche
qu'il télégraphia dans la soirée même du 31, et dont nous
extrayons le passage suivant : « Je signale encore une fois
la déloyauté des Prussiens dont un officier est venu se
rendre, offrant son sabre détaché à un capitaine de mobiles ; quand le capitaine eut donné l'ordre de ne pas tirer,
les Prussiens ont fait feu à bout portant sur la compagnie
à laquelle ils se rendaient.

mien : alors eut lieu une lutte à la baïonnette. Les Prussiens furent victorieux.

Le combat fut si acharné qu'un des nôtres et un Français, dont l'arme était brisée, se sont pris à la barbe ; deux autres ennemis se disputaient une arme chargée et, dans la lutte, le coup partit et vint atteindre un de nos camarades en pleine poitrine pendant que le Français était traversé d'un coup de baïonnette.

« Nous avons sept morts, vingt-et-un blessés.

« Nous avons fait prisonniers un capitaine, un lieutenant, un sergent-major et soixante-douze soldats que j'ai conduits, sous bonne garde, dans l'église par ordre du commandant.

« Nous avons passé la deuxième nuit à la belle étoile, par un froid de douze degrés, sans manger et, à cause de l'attente, sans fermer les yeux.

« Voilà ma nuit de Saint-Sylvestre en France. »

On peut remarquer qu'il n'est question, dans la dépêche comme dans la lettre, que de la première partie de l'affaire et nullement de la reprise de la position par nos troupes.

« Le général passa la soirée et la nuit au hameau
« situé près de la Maison-Brûlée. Il en profita pour
« donner au lieutenant-colonel Thomas, des instruc-
« tions détaillées pour la défense, lui prescrivit de
« maintenir en permanence autour du Château-Robert
« un bataillon au moins, et de cantonner le reste de ses
« troupes le plus près possible ; il décida que les cloches

« des églises et des châteaux voisins seraient mises
« exclusivement à la disposition de l'autorité militaire,
« afin que l'on pût s'en servir pour appeler aux armes
« en cas d'attaque; enfin il ordonna au lieutenant-colo-
« nel Thomas de couper la route dans la côte de Mou-
« lineaux et de faire faire des abattis et des tranchées
« autour du Château-Robert et en avant, sur les points
« par lesquels l'ennemi pouvait venir attaquer.

« Le lieutenant-colonel Thomas, ancien officier du
« génie, semblait devoir être plus compétent que tout
« autre pour diriger ces travaux. »

De la propriété de M. Delaville, on distinguait parfaitement les positions ennemies et, chaque soir, on ne
manquait pas de les observer. Or, dans la soirée du 3
janvier, M. Delaville ayant remarqué que les feux n'a-
vaient pas été allumés aux mêmes endroits que les
jours précédents et qu'on en avait laissé éteindre un
grand nombre, conçut des craintes qu'il s'efforça, en
vain, de faire partager à nos officiers, mais que les événements ne vinrent que trop tôt justifier.

Vers cinq heures du matin, des coups de feu du côté
du Château-Robert, annoncent qu'on attaque cette
position. Nos troupes paraissent la défendre avec énergie, car si le brouillard empêche de voir même à quelques pas, la fusillade, devenue tout-à-coup furieuse,
prouve la vigueur de la résistance ; la rapidité du tir
multiplie les coups, le nombre en est incalculable ; les
balles atteignent les murs de la propriété de M. Delaville.

Ce fut par les premiers blessés, qui arrivèrent environ une heure après, qu'on connut, à la Maison-Brûlée les circonstances de l'attaque et de la lutte.

Le poste de Château-Robert avait été surpris et cerné par des forces considérables ; il résistait énergiquement, mais que pouvaient 5oo hommes contre une véritable armée, dont les nombreuses colonnes couvraient toutes les routes environnantes !

Le colonel Thomas, très-vivement pressé par ceux qui l'entourent, se décide non sans peine à s'inquiéter des événements. Après s'être rendu compte de la situation, il prend le parti de rallier ses forces au Carrefour de la Maison-Brûlée et se prépare à la résistance.

L'artillerie, dont il pouvait disposer, se composait d'une section de canons de montagne de la batterie des mobilisés du Calvados et d'une section de la batterie des Basses-Pyrénées ; il fait placer la première en avant de la Maison-Brûlée, dans la direction de la route de Moulineaux, et la seconde sur la route du Bourgtheroulde en regard de la première ligne forestière.

Il est huit heures, le brouillard a conservé son intensité ; il est impossible d'observer l'approche de l'ennemi mais on ne tarde pas à entendre le bruit de sa marche ; nos troupes le laissent avancer et lorsqu'il n'est plus qu'à une cinquantaine de pas du Carrefour, elles lui font essuyer une décharge qui foudroie les premiers rangs.

Ce fut le signal du combat ; le colonel Thomas oppose à l'ennemi une vive résistance ; deux fois il rallie ses troupes et revient à la charge ; la section d'artillerie des Basses-Pyrénées, pour sauver ses pièces, se voit forcée de s'enfuir au galop sans avoir même pu ouvrir le feu, et celle des mobilisés du Calvados, après avoir tiré quelques coups, tombe au pouvoir de l'ennemi.

Malgré la disproportion de la lutte et la puissance de l'artillerie allemande, nos troupes ne cédèrent que pied à pied le terrain pour se replier définitivement du côté de Pont-Audemer. [1]

Le gros des troupes ennemies prit la direction de Bourgtheroulde dont il se rendit maître dans la journée ; 3,000 hommes environ furent envoyés, sur la route de Bourg-Achard, à la poursuite du colonel Thomas ; une colonne d'environ 5oo hommes marcha sur La Londe et un fort détachement resta à la Maison-Brûlée.

[1] « Nos pertes, pendant la journée du 4 janvier, furent « d'environ 63 tués ; le nombre des blessés n'a pu être « déterminé ; la plupart d'entre eux restèrent entre les « mains de l'ennemi et figurent, ainsi que les malades et « les blessés des journées précédentes, dans le nombre « des prisonniers emmenés par les Allemands après le « combat, nombre qui s'éleva environ à 5oo.

« Les pertes des Allemands, en tués et blessés, furent « beaucoup plus considérables que les nôtres. Les chiffres « les plus modestes, indiqués même par eux, ne permet-« tent pas de les estimer à moins de 1,000 hommes.

« Cette grande disproportion tient à plusieurs causes :

Puisque nous avons pour but de raconter les événements dont ce dernier point fut plus particulièrement le théâtre, disons maintenant ce qui se passa chez M. Delaville pendant et après le combat.

Les Prussiens, surpris, à leur arrivée, par la décharge qui leur avait été si funeste, étaient persuadés que le château était occupé par des francs-tireurs. Ils envahirent la propriété en faisant feu dans toutes les directions, mais surtout dans celle de l'habitation.

En vain voulut-on leur faire comprendre que la maison était pleine de malades, qu'une ambulance y était établie, ¹ ils ne voulurent rien entendre et continuèrent le feu jusqu'à épuisement de leurs cartouches.

Ils se précipitèrent alors avec fureur, entrèrent dans

« d'abord, au Château-Robert, nos soldats étaient abrités
« derrière des tranchées, et les Allemands à découvert ;
« ensuite, sur plusieurs points, ils se présentèrent en
« masses compactes, tandis que les nôtres furent presque
« toujours en tirailleurs, ce qui rendait le tir bien plus
« meurtrier pour eux que pour nous ; enfin une méprise
« eut lieu dans l'obscurité entre deux colonnes allemandes
« qui se fusillèrent réciproquement pendant assez long-
« temps. »

(Extrait du rapport du lieutenant-colonel Power.)

¹ Pendant les combats des 30, 31 décembre et 4 janvier, le château de M. Delaville fut converti en ambulance. Mme Delaville en prit la direction et s'y consacra tout entière avec ce dévoûment dont les femmes seules ont le secret.

la cuisine où les chirurgiens s'occupaient du pansement des blessés, s'emparèrent de leurs trousses et pillèrent tout ce qui se trouva sous leur main. Ils montèrent ensuite aux étages supérieurs, enfoncèrent les portes à coups de crosse, se ruèrent dans les chambres et mirent les meubles en morceaux.

Pour se soustraire à la fureur de ces forcenés, M. et Mme Delaville, leur sœur et leurs servantes se réfugièrent dans la cave ; les Prussiens les y poursuivirent et s'apprêtaient à achever leur œuvre par l'assassinat, lorsque les femmes se jetèrent au-devant d'eux et écartèrent leurs baïonnettes en implorant leur pitié. Ils saisirent alors M. Delaville et son beau-frère, les forcèrent de les suivre et les conduisirent, en leur faisant subir toutes sortes d'outrages, au carrefour de la Maison-Brûlée.

On ne sait ce qui serait advenu si les deux prisonniers n'eussent été reconnus par un aide-de-camp qui, après les avoir fait rendre à la liberté, les accompagna jusqu'au château. [1]

[1] A son arrivée au château, l'aide-de-camp, apercevant Mme Delaville, la tira à l'écart : Madame, lui dit-il, vous ne voudrez pas me le dire, mais n'est-il pas vrai que le colonel Mocquart a passé la nuit chez vous, car il a écrit à notre général qu'il coucherait à Rouen, à l'hôtel de France, le 5 janvier.

Cette forfanterie de Mocquart qui, comme on le sait, était au Havre, n'eut pour effet que d'éveiller l'attention du général allemand et de lui faire supposer que nos troupes se préparaient à une attaque sérieuse du côté de Grand-Couronne pour les premiers jours de janvier.

Au moment où M. Delaville rentrait chez lui, on incendiait ses propriétés : deux de ses fermes et une maison de maître, occupée par M. Smith, capitaine anglais, et sa famille, étaient livrées aux flammes.

Mme Smith et ses enfants, après avoir été brutalement expulsés de leur demeure, s'étaient enfuis à demi-vêtus dans un bois voisin où les pauvres enfants, saisis par le froid, eurent les pieds gelés.

Pendant que ces événements se passaient, l'ambulance prussienne s'occupait activement du transport de ses blessés à Rouen, et s'emparait, à cet effet, de toute la literie du château, sans respecter même celle qui servait à nos malheureux soldats.

A dater de ce moment, M. Delaville fut obligé d'abandonner son habitation où la vie n'était plus possible : un bataillon entier l'occupa et acheva de détruire ce qui restait de mobilier : un coffre-fort fut brisé et toutes les valeurs de commerce et les papiers précieux qu'il contenait furent brûlés ou lacérés. On ne laissa du reste rien de ce qui pouvait être enlevé : objets d'art, livres, souvenirs de famille tout disparut.

Il ne restait plus rien d'intact dans le château, et il semblait que la barbarie ne pouvait pas aller plus loin; mais il était réservé à M. Delaville une épreuve d'une autre nature, épreuve cruelle qui l'atteignit dans ses plus chers souvenirs; c'est par le sacrilége que les Prussiens couronnèrent leur œuvre.

M. Delaville avait fait construire, dans le voisinage de son habitation, une chapelle qu'il s'était plu à orner et dans laquelle il conservait pieusement la dépouille mortelle d'une fille-bien-aimée.

Le 6 janvier, des pionniers vinrent faire des travaux de défense dans les environs. Ils crénelèrent tous les murs, abattirent une quantité considérable d'arbres sur une superficie de plus de six hectares, brûlèrent la sacristie et l'autel de la chapelle, et, le croirait-on ! poussèrent la sauvagerie jusqu'à violer la sépulture de la pauvre enfant dont le cercueil y avait été déposé.

L'imagination se révolte à la pensée d'un acte aussi abominable. Je m'abstiens de toute réflexion reconnaissant mon impuissance à exprimer toute l'horreur qu'il m'inspire.[1]

Ainsi se terminèrent les événements qui eurent lieu au carrefour de la Maison-Brûlée, pendant l'occupation prussienne et que j'ai cherché à raconter le plus fidèlement possible.

Il est peu de propriétaires qui aient autant, que M. Delaville, souffert des suites de l'invasion. Outre les épreuves morales que lui et sa famille eurent à subir, ses pertes matérielles furent considérables : elles s'élevèrent, d'après son estimation, au chiffre énorme de deux cents mille francs.

[1] Ce fait fut dénoncé au parquet de Rouen ; justice fut demandée au nom de la morale universelle au préfet de police prussien et au général et au prévôt, mais ces Messieurs se renvoyèrent mutuellement l'un à l'autre et on né put obtenir satisfaction.

MONUMENT

DE LA MAISON BRULÉE.

MONUMENT DE LA MAISON-BRULÉE.

Les restes mortels des braves jeunes gens qui succombèrent dans les combats livrés sur les confins des départements de l'Eure et de la Seine-Inférieure, furent pieusement recueillis dans un terrain situé dans le voisinage de la Maison-Brûlée et généreusement donné par M. Delaville.

Sur l'initiative de M. le vice-amiral baron de la Roncière le Noury, une souscription fut ouverte pour élever, sur le lieu de sépulture, un monument à la mémoire des victimes.

Cette souscription, très-sympathiquement accueillie, eut bientôt produit la somme nécessaire à la dépense.

L'exécution de l'œuvre fut confiée au talent de M. Aimé Millet, l'auteur de Vercingétorix et de l'Apollon du Nouvel-Opéra : c'était en assurer d'avance la réussite.

La bénédiction de la sépulture par Mgr le cardinal de Bonnechose, archevêque de Rouen, et l'inauguration du monument eurent lieu, le 18 juin 1873, au milieu d'un concours immense de population et en présence de NN. SS. les évêques d'Evreux et de Bayeux, de MM. les préfets de la Seine-Inférieure et de l'Eure, de l'amiral, baron de la Roncière le Noury, des généraux Letellier-Valazé, Merle, Boyer, Roy, et de nombreuses notabilités religieuses, civiles et militaires.

DESCRIPTION DU MONUMENT.

Une statue en bronze représentant un garde mobile au repos et appuyé sur son fusil couronne un tronc de pyramide quadrangulaire d'une hauteur d'environ 4 mètres, élevé lui-même sur un large et majestueux piédestal.

Sur cette pyramide on lit les inscriptions suivantes :

Sur la face vers la Seine :

HONNEUR ET PATRIE

———

ARDÈCHE

———

GARDES MOBILES

———

EURE

———

GARDES MOBILES

CE MONUMENT EST ÉRIGÉ A LA MÉMOIRE
DE CEUX QUI SONT VENUS MOURIR ICI POUR LA DÉFENSE
DE LA PATRIE 1870-1871
ÉLEVÉ PAR SOUSCRIPTION — INAUGURÉ LE 18 JUIN 1873

Sur le côté droit :

LANDES

GARDES MOBILES

—

LOIRE-INFÉRIEURE

GARDES MOBILES

—

BASSES-PYRÉNÉES

COTES-DU-NORD — MORBIHAN

GARDES MOBILES — ARTILLERIE

Sur le côté gauche :

GENDARMERIE

DOUANIERS - MARINS

12e CHASSEURS A CHEVAL

—

SEINE-INFÉRIEURE

MOBILISÉS D'ELBEUF

—

CALVADOS

MOBILISÉS

Sur la face vers Saint-Ouen-de-Thouberville :

CHARENTE-INFÉRIEURE

CALVADOS

FRANCS-TIREURS

—

EURE-ET-LOIR

SEINE — EURE

SEINE-ET-OISE

—

SEINE-INFÉRIEURE

PUY-DE-DOME

FRANCS-TIREURS

—

Enfin sur des plaques de marbres enchassées dans le piédestal, sont gravés en lettres d'or les noms des soldats tués dans les combats de Moulineaux, Château-Robert, la Maison-Brûlée, Saint-Ouen-de-Thouberville, La Londe et Orival.

Bacconner, 2ᵉ bataillon, Ardèche.
Battendier, 3ᵉ bataillon, Ardèche.
Baume, chef du 3ᵉ bataillon, Landes.
Bay, 2ᵉ bataillon, Ardèche.
Baylac, 3ᵉ bataillon, Landes.
Béal, 3ᵉ bataillon, Ardèche.
Béranger, 3ᵉ bataillon, Eure.
Bezal, caporal, 1ᵉʳ bataillon, Ardèche.
Billé, franc-tireur, 1ʳᵉ compagnie, Eure.
Bonnefoi, 1ᵉʳ bataillon, Ardèche.
Benneten, franc-tireur, Puy-de-Dôme.
Bourgeois, 3ᵉ bataillon, Eure.
Bouysson, franc-tireur, Seine-et-Oise.
Briat, 3ᵉ bataillon, Ardèche.
Brière, 3ᵉ bataillon, Eure.
Buée, franc-tireur de Louviers, Eure.
Cassaigne, 3ᵉ bataillon, Landes.

Cassen, 3e bataillon, Landes.
Champigny (de), lieutenant, Eure.
Chareyre, 2e bataillon, Ardèche.
Chassaigne, franc-tireur, Charente-Inférieure.
Chaussignan, 2e bataillon, Ardèche.
Chauvet, 2e bataillon, Ardèche.
Cluzel, 3e bataillon, Ardèche.
Conzorier, 1er bataillon, Ardèche.
Cortial, 2e bataillon, Ardèche.
Coulanges, 2e bataillon, Ardèche.
Courtial, 2e bataillon, Ardèche.
Cucu, franc-tireur, Seine-Inférieure.
Danjean, 1er bataillon, Eure.
Darricau, 3e bataillon, Landes.
Desbiegs, 3e bataillon, Landes.
Duchemin, lieutenant de francs-tireurs, Eure.
Duchesne, 1er bataillon, Eure.
Dugay, 3e bataillon, Landes.
Dupony, 3e bataillon, Landes.
Duten, 3e bataillon, Landes.
Eschalier, 2e bataillon, Ardèche.
Fabre, franc-tireur, 2e compagnie, Eure.
Fargier, 2e bataillon, Ardèche.
Forestier, 1er bataillon, Ardèche.
Garrabos, 3e bataillon, Landes.
Garbaye, 3e bataillon, Landes.
Garnier, 2e bataillon, Ardèche.
Gauzère, 2e bataillon, Landes.
Gerteing, franc-tireur, Seine-Inférieure.

Giraud, 2e bataillon, Ardèche.

Grandemanche, cap. de francs-tireurs, Seine-et-Oise.

Guichemerre, 3e bataillon, Landes.

Guincêtre, franc-tireur, Seine-Inférieure.

Huguet, mobilisé du Calvados.

Jarnac, 2e bataillon, Ardèche.

Jauffrès, 1er bataillon, Ardèche.

Jobin, 1er bataillon, Eure.

Joigneau, sous-lieut. de francs-tireurs, Seine-et-Oise.

Jumel, sous-lieutenant, Seine-et-Oise.

Lafourcade, 3e bataillon, Landes.

Lagarde, 3e bataillon, Landes.

Lascombe, 2e bataillon, Ardèche.

Lasserre, 3e bataillon, Landes.

Laurent, 2e bataillon, Landes.

Ledoigt, 1er bataillon, Eure.

Lefebvre, sergent-major de francs-tireurs, Eure.

Leroux, caporal, 1er bataillon.

Leydier, lieutenant, Ardèche.

Livet, éclaireur de Normandie.

Lombard, 2e bataillon, Ardèche.

Louvigny (de), franc-tireur, 2e compagnie, Eure.

Lubin, lieutenant de mobilisés, Calvados.

Lupé, 3e bataillon, Landes.

Marie, mobilisé, Calvados.

Mathon, 3e bataillon, Ardèche.

Ménage, sergent, Ardèche.

Morel, sergent, Ardèche.

Moulin, 2e bataillon, Ardèche.

Nadau, 3e bataillon, Landes.
Pascal, capitaine de francs-tireurs, Calvados.
Père, 3e bataillon, Landes.
Peyrelonque, 3e bataillon, Landes.
Pichat, 3e bataillon, Ardèche.
Plessis, franc-tireur, Seine-et-Oise.
Prudent, franc-tireur, 1re compagnie, Eure.
Pourrat, 3e bataillon, Ardèche.
Renou, 1er bataillon, Eure.
Rey, 3e bataillon, Ardèche.
Riaux, 2e bataillon, Ardèche.
Rousson, 3e bataillon, Ardèche.
Routé, 3e bataillon, Landes.
Rouveure, capitaine du 3e bataillon, Ardèche.
Sassolas, 3e bataillon, Ardèche.
Saumon, 3e bataillon, Landes.
Servie, 3e bataillon, Ardèche.
Signol, franc-tireur, Puy-de-Dôme.
Soubabère, 3e bataillon Landes.
Vauve, 2e bataillon, Ardèche.
Vedel, 1er bataillon, Ardèche.
Vernet, 2e bataillon, Ardèche.
Corfmat, artillerie mobile du Morbihan.

PETIT-COURONNE

PETIT-COURONNE.

Le village de Petit-Couronne, se trouvant sur le passage des troupes qui occupèrent le chef-lieu de canton, fut naturellement accablé de réquisitions.

Tantôt il était envahi par des détachements qui ne pouvaient trouver place à Grand-Couronne, tantôt mis à contribution par les nombreuses colonnes qui traversaient son territoire et qui, assurément, ne le ménageaient pas.

Ce fut peut-être, après Grand-Couronne, le village qui fut le plus éprouvé dans le canton. On estime à 53,392 fr. le chiffre des réquisitions qu'il fut obligé de fournir.

Il ne paya pas la contribution de guerre, mais une amende de 10,000 fr. lui fut infligée dans les circonstances suivantes :

Le 20 décembre 1870, vers 8 heures 1/2 du matin, M. Gontier qui remplissait, pendant l'occupation, les fonctions de maire à Petit-Couronne, vit tout-à-coup sa maison cernée par un détachement prussien venant de Rouen.

Il cherchait vainement à s'en expliquer le motif, lorsque le commandant, s'avançant vers lui, lui fit con-

naître qu'un dragon avait déclaré que, la veille, entre
4 et 5 heures du soir, au moment où il passait à cheval
devant son habitation, il avait vu un individu frapper
trois fois dans sa main, qu'aussitôt la porte de la cuisine
s'était entr'ouverte, trois coups de feu avaient été tirés
et qu'immédiatement après, deux dames, dont l'une
d'un certain âge et l'autre plus jeune, avaient paru sur
le seuil ; qu'en conséquence il avait reçu l'ordre de
venir arrêter le coupable et qu'il fallait le lui livrer sur
l'heure.

Ce récit, qu'on avait eu soin d'entourer de détails insignifiants pour lui donner l'apparence de la vérité,
était faux de tout point. Aucun coup de feu n'avait
été tiré ; il n'y avait même pas de fusil dans la maison ;
il était donc impossible de livrer un coupable qui
n'existait pas.

C'est ce que M. Gontier s'efforça de faire comprendre
au commandant, en lui offrant de fournir des preuves.

Mais à toutes les protestations qui lui furent faites,
le commandant répondit d'un ton qui n'admettait pas
de réplique : « Notre homme a juré sur les écritures
« que le fait est vrai et nous le croyons : quant à la
« parole d'honneur d'un Français, nous n'en faisons
« pas le moindre cas. Le fait a donc eu lieu, il y a un
« coupable ; je vous somme de me le livrer. »

M. Gontier ne put que persister dans sa déclaration.

Le commandant ordonna alors les plus minutieuses
recherches dans toutes les maisons du village qui furent

envahies en moins de dix minutes. Tous les hommes que l'on rencontra furent arrêtés, conduits sur la route et rangés sur une seule ligne, afin que le dragon pût reconnaître celui qu'il prétendait avoir donné le signal dont nous avons parlé.

Cette inspection faite par le dénonciateur ne pouvait produire et ne produisit aucun résultat; elle n'eut d'autre effet que d'effrayer ceux qui en furent l'objet et qui, se voyant en face du détachement prussien rangé en bataille, se crurent sur le point d'être passés par les armes.

Le commandant ne s'en tint pas là; après les recherches qui avaient jeté l'épouvante dans les familles, il déclara à M. Gontier qu'il allait brûler sa maison. On donna à madame Gontier un quart d'heure pour enlever ce qu'elle avait de plus précieux.

On amassa alors, autour de l'habitation, de la paille et des bourrées qu'on arrosa de pétrole et on mit le feu à six endroits à la fois.

Les officiers, pour contempler ce beau spectacle, s'étaient fait apporter des siéges et s'étaient commodément installés en face de la maison.

Lorsque les flammes commencèrent à sortir par les fenêtres, M. Gontier, qui, depuis l'arrivée du détachement, était gardé à vue, fut emmené avec deux autres habitants de la commune, MM. Yvosse et Sément, et conduit au Palais-de-Justice de Rouen, où il devait être détenu avec ses deux compagnons, jusqu'à ce que la commune eut payé une amende de 10,000 fr. qui lui fut infligée, avec menace de nouveaux incendies, si le paiement se faisait trop attendre.

M. l'abbé Deshaies, curé de Petit-Couronne, et M. Adrien Duval, conseiller municipal, firent tous leurs efforts pour réunir la somme demandée.

41 souscriptions, recueillies dans la commune, produisirent 6,000 fr.. Monseigneur l'archevêque de Rouen contribua pour 3,000 fr. et deux personnes étrangères à la localité fournirent le reste.

Ce fut le jeudi 22 que le montant de l'amende fut versé entre les mains du général commandant à Rouen et que les otages furent rendus à la liberté.

On croit généralement, et c'est l'opinion de M. Gontier, à l'obligeance duquel nous devons ces détails, que la dénonciation du dragon était une pure invention de l'autorité militaire allemande dont le but avait été de terroriser la population et d'assurer ainsi la sécurité de ses estafettes dont le service, entre Rouen et Grand-Couronne, allait devenir très-actif, alors surtout qu'elle méditait le projet de s'emparer de la position du Château-Robert.

SOTTEVILLE.

GRAND ET PETIT-QUEVILLY.

SAINT-ÉTIENNE-DU-ROUVRAY.

SOTTEVILLE.

GRAND ET PETIT-QUEVILLY.

SAINT-ETIENNE-DU-ROUVRAY.

————

Les communes de Saint-Etienne-du-Rouvray, Sotteville, Grand et Petit-Quevilly furent irrégulièrement occupées.

Le chiffre des réquisitions s'éleva :

Pour Saint-Étienne-du-Rouvray à la somme de. . . . .   12,252 fr. 41
Pour Sotteville   29,396   »
— Grand-Quevilly   27,591   »
— Petit-Quevilly.   20,318   »

Ces quatre communes refusèrent de payer la contribution de guerre.

Aucun des maires ne fut inquiété à cet égard, sauf celui de Sotteville, M. Bertel, qui fut gardé à vue, avec quelques conseillers municipaux, pendant que l'officier prussien, chargé de lui demander le paiement de la contribution, était retourné à Rouen pour prendre des instructions sur ce qu'il avait à faire en présence du refus formel qui lui était opposé.

Cet officier revint, deux heures après, avec l'ordre de mettre en liberté les otages qu'il avait cru devoir retenir.

Ce fut dans les prairies de Sotteville que le prince impérial Fritz, accompagné du comte de Moltke, passa, le 12 mars, la grande revue des troupes allemandes cantonnées en Normandie : infanterie, cavalerie et artillerie. Un pont de bateaux fut jeté sur la Seine, à environ trente mètres en amont du ponton de Port-Saint-Ouen, pour donner passage à celles qui occupaient le département de l'Eure.

On évalua à 25,000 environ, le nombre des hommes sous les armes.

La population des environs se garda bien d'assister à cette manifestation prussienne; le sentiment du patriotisme l'emporta sur celui de la curiosité; tout le monde resta chez soi.

La revue n'eut pour témoins que des marchands de liquides et de tabac et quelques enfants du quartier.

VAL-DE-LA-HAYE.

SAHURS.

HAUTOT.

SAINT-PIERRE-DE-MANNEVILLE.

VAL-DE-LA-HAYE.

SAHURS.

HAUTOT.

SAINT-PIERRE-DE-MANNEVILLE.

———

Les villages du Val-de-la-Haye, Sahurs, Hautot et
Saint-Pierre-de-Manneville, situés sur la rive droite
de la Seine, ne furent sérieusement occupés qu'après
l'armistice.

Ils fournirent néanmoins des réquisitions pour les
troupes qui, dès le mois de décembre, furent cantonnées dans les communes de Grand-Couronne, Moulineaux et La Bouille.

Le chiffre total des réquisitions s'éleva :

Pour le Val-de-la Haye, à. . . 3,158 fr. »
    —   Sahurs 8,446 30
    —   Hautot . . . . . . 2,737 »
    —   St-Pierre-de-Manneville. 15,899 60

Ces villages furent les seuls du canton de Grand-
Couronne qui payèrent la contribution de guerre

dans l'espoir d'échapper à l'occupation ; mais ils avaient compté sans les conditions de l'armistice qui la limitèrent à la rive droite et lui en imposèrent les charges à dater du 26 février.

Le seul fait à signaler concerne la commune de Saint-Pierre-de-Manneville où les Prussiens commirent des actes de brutalité dont la population gardera longtemps le souvenir :

L'officier qui commandait le détachement cantonné dans ce village, se faisait remarquer par ses habitudes d'intempérance. Toujours en état d'ivresse, il était incapable de surveiller ses soldats qui ne suivaient que trop l'exemple de leur chef; aussi fréquentaient-ils souvent les cafés où ils rencontraient quelquefois nos mobilisés et ce contact fâcheux faisait craindre des querelles dont on redoutait avec raison les conséquences. La tranquillité ne fut pas, en effet, de longue durée.

Dans la soirée du dimanche des Rameaux 1871, des Allemands, logés à Saint-Pierre, donnèrent rendez-vous à leurs camarades de Quevillon, chez le sieur Alfred Tournache, chez lequel ils savaient que nos mobilisés se réunissaient le plus souvent. Quelques-uns d'entre eux s'y trouvaient en effet, ce jour-là et à cette heure, paisiblement attablés. A peine les soldats allemands, déjà surexcités par les trop fréquentes libations de la journée, furent-ils entrés dans le café que, sous un prétexte facilement inventé, ils firent naître une querelle qui dégénéra bientôt en lutte.

Les mobilisés, pour échapper à la brutalité de leurs

agresseurs, furent obligés de sortir et s'enfuirent dans diverses directions; mais les Allemands se mirent à leur poursuite et maltraitèrent indignement tous ceux que le hasard même fit trouver sur leur chemin. Quelques personnes que les cris des victimes avaient attirées et qu'un sentiment bien naturel d'humanité portait à secourir leurs compatriotes, subirent le même sort qu'eux et faillirent payer bien cher leur dévoûment. Ce fut alors qu'un habitant, resté jusqu'à présent inconnu, révolté d'une pareille conduite, s'arma d'un fusil chargé à plomb et fit feu sur un sergent prussien qui fut légèrement blessé à l'épaule et transporté chez M. Caron, capitaine en retraite.

Le commandant fit aussitôt donner l'alarme; les Allemands se réunirent et reçurent l'ordre de se répandre dans les rues de la commune et d'arrêter tous ceux qu'ils rencontreraient.

Un nommé Rouland, que la curiosité avait attiré sur le seuil de sa porte, fut le premier habitant qu'ils aperçurent; ils se précipitèrent sur lui comme des furieux, et, après l'avoir roué de coups, l'attachèrent à une voiture qui se trouvait dans le voisinage.

Il était alors dix heures du soir.

Les Prussiens continuèrent leurs recherches à travers les rues désertes, chacun était rentré chez soi, personne n'osait sortir; un seul individu, Petit (Victor), qui, à demi-vêtu, cherchait à regagner son domicile, fut assez malheureux pour tomber entre leurs mains; il fut saisi, garotté et attaché à la même voiture que Rouland.

Ces forcenés, ne trouvant plus personne à leur rencontre, se rendirent à la Maison commune, en enfoncèrent la porte et arrachèrent brutalement de son lit le
secrétaire de la mairie, le sieur Crignon (Henri), qu'ils
contraignirent de marcher au milieu d'eux pour aller
rejoindre les deux malheureux dont nous avons
parlé.

En passant devant l'église, le commandant du détachement dit à son prisonnier qu'il allait lui donner
pour compagnon le curé du village, qui, lui aussi,
serait attaché comme les autres. Qu'est-il besoin d'une
autre victime, lui dit M. Crignon, faites de moi ce que
vous voudrez, je me résigne, mais n'ajoutez pas un
nouveau crime à celui que vous allez commettre.

L'officier ne répliqua pas et continua son chemin
sans s'arrêter au presbytère.

Lorsqu'il fut arrivé à quelques pas de l'endroit où se
trouvaient Rouland et Victor Petit : Vous voyez ces
deux hommes, dit-il au secrétaire, vous allez être traité
comme eux. M. Crignon fut, en effet, brutalement
saisi et attaché à la même voiture que ses deux compagnons d'infortune. D'inhumains, les Allemands de-
vinrent alors cruels pour leurs victimes; ils les acca-
blèrent de coups, les frappèrent avec rage et s'achar-
nèrent surtout sur Rouland, auquel ils paraissaient en
vouloir le plus; pour lui, ils furent sans aucune pitié.
Cet infortuné reçut tant de coups de sabre et de bâton,
que ses forces n'y purent résister; épuisé, meurtri,
couvert de blessures et de contusions, il s'affaissa

bientôt pour ne plus se relever ; la mort vint mettre un terme à son martyre.

Les cordes qui le tenaient attaché avaient pénétré si profondément dans ses chairs, qu'on fut obligé de les couper pour enlever son corps, qui fut traîné tout sanglant dans une étable située dans le voisinage.

Les deux compagnons de Rouland, forcément témoins de cette horrible scène, en furent tellement impressionnés que c'est à peine s'ils entendirent le commandant leur déclarer qu'on ne les délierait que le lendemain matin pour les passer par les armes.

Quelques conseillers municipaux, qui eurent connaissance de cet arrêt, s'empressèrent de chercher les moyens d'en empêcher l'exécution ; ils résolurent de tenter une démarche auprès du commandant et, pour lui donner un caractère officiel, ils dépêchèrent l'un d'eux à Sahurs, où résidait le Maire, qui ne paraissait plus dans sa commune depuis l'occupation, pour le sommer de se joindre à eux.

Mme Lemarchant, propriétaire de la ferme où s'était passé le drame que nous venons de raconter, se fit un devoir d'unir ses efforts à ceux du Conseil municipal pour tenter de sauver les victimes ; elle plaida chaleureusement leur cause auprès du commandant et fut assez heureuse pour obtenir la liberté de ces deux infortunés qui croyaient bien n'avoir plus que quelques heures à vivre.

Le secrétaire de la mairie fut relâché vers neuf heures du matin et Victor Petit vers quatre heures du soir.

Par suite de ce triste événement, une amende de
25,000 fr. fut infligée à la commune de Saint-Pierre-
de-Manneville à laquelle on signifia que, jusqu'à l'entier paiement de la somme, on doublerait, tous les
huit jours, le nombre des soldats prussiens cantonnés
dans le village.

Huit jours se passèrent, en effet, sans que la commune s'exécutât, et, le lendemain, les habitants virent
doubler le nombre de leurs hôtes. Des plaintes s'élevèrent alors de toutes parts : La dépense était considérable pour chaque ménage et il était évident que, pour
peu qu'on ajournât le paiement de l'amende, son chiffre
serait bientôt dépassé par celui des frais de nourriture
de troupes.

Le Conseil municipal se réunit pour délibérer sur la
situation; après avoir reconnu que les dépenses de
nourriture s'élevaient déjà au chiffre énorme de
9,873 fr. 44 cent., il décida que l'amende serait payée
dans le plus bref délai possible et qu'on ferait figurer
en ligne de compte la somme dont nous venons de
parler.

15,126 fr. 56 cent. furent donc versés entre les mains
de l'autorité allemande, qui les reçut sans réclamation.
Dès le jour suivant, une partie des troupes quitta le
village.

DOCUMENTS.

DOCUMENTS.

Trois dépêches adressées aux maires aes communes pourvues de stations télégraphiques, à l'occasion de la proclamation de la République à Paris.

A la date du 4 septembre, nous reçûmes, coup sur coup, les trois dépêches suivantes :

« Paris, 4 septembre 1870.

« *Circulaire de Paris.*

« Gouvernement provisoire à toutes les stations télégraphiques de France.

« La dynastie impériale a cessé d'exister, la population de Paris a prononcé sa déchéance et proclamé la République.

« Un gouvernement national de défense, composé des députés élus à Paris, dont les noms suivent a été installé :

« Arago, Crémieux, Jules Favre, Jules Ferry, Gambetta, Garnier-Pagès, Glais-Bizoin, Picard, Pelletan, Rochefort, J. Simon. »

« Paris, 4 Septembre 1870.

« Urgence à toutes les stations télégraphiques.

« Ministère de l'Intérieur.

« La République a été proclamée au Corps-Législatif.

« La République a été proclamée à l'Hôtel-de-Ville.

« Un gouvernement de défense nationale, composé d'onze membres, tous députés de Paris, a été constitué et ratifié par l'acclamation populaire.

« Les noms sont : Arago Emmanuel, Crémieux, Jules Favre, Jules Ferry, Gambetta, Garnier-Pagès, Glais-Bizoin, Pelletan, Picard, Rochefort, J. Simon.

« Le général Trochu est à la fois gouverneur de Paris et nommé ministre de la guerre en remplacement du général Palikao.

« Pour le gouvernement de la défense nationale,

« Le ministre de l'intérieur,

« GAMBETTA. »

———

« Paris, 4 Septembre 1870.

« *Circulaire de Paris.*

« Gouvernement provisoire à toutes les stations télégraphiques de France.

« Paris est debout ; le nouveau gouvernement est acclamé partout avec enthousiasme et pas le moindre désordre.

« Le général Trochu est nommé ministre de la guerre, Gambetta ministre de l'intérieur, Crémieux ministre de la justice, Jules Simon de l'instruction publique ; de Kératry est nommé préfet de police, Etienne Arago, maire de Paris. »

Dissolution des Conseils généraux par le gouvernement du 4 Septembre.

La dissolution des Conseils généraux fut décrétée comme celle des Conseils municipaux.

Cet acte illégal provoqua la protestation suivante :

*Protestation contre le décret de dissolution des
Conseils généraux.*

Les soussignés, membres du Conseil général de la
Seine-Inférieure ;

Vu le décret du 25 décembre 1870, par lequel la
délégation du gouvernement a déclaré dissoudre tous
les Conseils généraux pour les remplacer par des commissions administratives, dont elle se réserve de désigner les membres sur la proposition des préfets ;

« Considérant qu'en prenant en main la gestion des
affaires après la révolution du 4 septembre, le gouvernement a défini ses pouvoirs : « nous ne sommes pas
« le gouvernement d'un parti, nous sommes le gou-
« vernement de la défense nationale ; » qu'après avoir
annoncé au pays qu'il serait appelé à nommer de nouveaux mandataires dans le plus bref délai, il s'est per-
pétué jusqu'à ce jour, en vertu d'un mandat tacite,
limité, comme tous les mandats de ce genre, aux néces-
sités de fait qui lui ont donné naissance, c'est-à-dire
aux besoins de la défense nationale ;

« Qu'il a été accepté dans ces conditions, et que le
Conseil général de la Seine-Inférieure n'a refusé son
concours à aucune des mesures qui lui ont été propo-
sées dans l'intérêt de la défense nationale ;

« Considérant que le gouvernement de fait ainsi

défini est sans droit aucun pour se placer au-dessus du suffrage universel en dissolvant successivement tous les corps constitués par voie d'élection ;

« Considérant que ces observations, vraies pour le gouvernement dans son ensemble, le sont, à plus forte raison, quand elles s'appliquent à un acte émané d'une simple délégation, alors que rien ne prouve qu'elle ait agi d'accord avec le gouvernement qui l'a déléguée ;

« Considérant au surplus que, même en supposant à la délégation tous les pouvoirs qui appartiendraient à un gouvernement régulier, le décret sus-visé serait encore entaché d'illégalité : qu'en effet, si l'article 10 de la loi du 7 juillet 1852 autorise, *par exception*, en cas de dissolution ou de suspension d'un Conseil municipal, son remplacement momentané par une commission nommée par le préfet, l'article 6 de la même loi, qui prévoit la dissolution des Conseils généraux et d'arrondissement, prescrit au contraire, qu'il soit procédé à de nouvelles élections dans un bref délai déterminé par la loi elle-même ;

« Considérant que la mesure décrétée aurait pour résultat d'attribuer à des commissaires nommés par le pouvoir le droit de voter et de répartir l'impôt, d'ouvrir des crédits et d'en vérifier l'emploi, de surveiller tous les actes de l'administration départementale, droit qui n'appartient qu'aux soussignés seuls ou aux successeurs que pourrait leur donner le suffrage universel légalement consulté ;

« Considérant que l'institution de ces commissions administratives est d'autant plus inadmissible que les préfets vont être appelés à rendre compte de l'emploi des ressources extraordinaires votées par les Conseils généraux, et que l'examen et le contrôle de leurs comptes par des commissaires nommés sur leur désignation n'offrirait aux contribuables ni sécurité ni garantie ;

« Considérant que si la présence de l'ennemi dans le département a retardé la protestation des soussignés et les détermine à s'abstenir provisoirement de toute publicité, ils n'en doivent pas moins au suffrage universel, dont ils sont les derniers représentants, de protester énergiquement contre une mesure qui viole les principes respectés dans tout Etat libre, républicain ou constitutionnel ;

« Considérant en outre que les intérêts départementaux sont en souffrance par suite du défaut de convocation des conseils généraux et de l'impossibilité qui en résulte d'assurer régulièrement la perception des ressources financières indispensables au paiement des charges publiques ;

« Les soussignés déclarent que, nonobstant le décret du 25 décembre 1870, ils ne considèrent pas comme légale la dissolution du conseil, encore moins son remplacement par une commission administrative ; en conséquence, ils protestent d'avance contre toute charge financière qui serait imposée au département par d'autres que par ses élus, et déclarent nul et sans valeur tout apurement de comptes auquel il pourrait être procédé en dehors d'eux.

« La présente protestation sera transmise au gouvernement de la défense nationale. Elle sera publiée quand les circonstances le permettront ou l'exigeront.

« Fait à Rouen, le 27 janvier 1871.

« *Signé* : H. Barbet, doyen du conseil ; Ducôté (Buchy) ; Ch. Darcel (Duclair) ; Rapp (2º canton de Rouen), Raoul Duval (3ᵉ canton de Rouen) ; Vaucquier du Traversain (4ᵉ canton de Rouen) ; Raupp (Clères) ; baron de Guillerville (Darnétal) ; Buée (Elbeuf) ; baron Levavasseur (Maromme) ; Grout (Envermeu) ; Lecomte (Eu) ; Lizot (Saint-Romain) ; Thélu (Aumale) ; de Girancourt (Blangy) ; D. d'Ernemont (Gournay) ; de Lignemare (Londinières) ; Bouctot (Saint-Saëns) ; comte de Malartic (Tôtes) ; Turgis (Oissel) ; comte de Bagneux (Pavilly) ; Roquigny (Cany) ; comte de Beauvoir (Ourville) ; d'Iquelon (Bellencombre) ; marquis de Lillers (Lillebonne).

Circulaire adressée de Tours par le ministère de la guerre aux Généraux commandant les subdivisions.

Tours, le 21 décembre 1870.

« Mon cher général,

« Je m'empresse de vous faire connaitre les intentions du gouvernement au sujet des bataillons de la garde mobile.

« En dehors des bataillons appelés à Paris pour concourir à la défense et de sept régiments qui vont être encadrés dans les brigades de troupes de ligne, il reste encore environ 300 bataillons dont 180 sont à peu près disponibles.

« Le gouvernement de la défense nationale a dû se préoccuper de tirer parti de cette force considérable, actuellement dispersée dans toute la France, qui est sans emploi et qui peut nous rendre les plus utiles services.

« En conséquence, il a paru nécessaire de chercher à répartir ces moyens de défense suivant les besoins. A cet effet, tous les départements, menacés plus ou moins directement par l'invasion, ont été divisés en deux zônes : la première comprenant ceux qui sont en contact immédiat avec l'ennemi et la deuxième ceux qui sont en arrière, et l'on a désigné pour chacun de ces départements le nombre de bataillons que l'on devrait y envoyer. Cette répartition a été faite par départements afin que les généraux commandant les départements, puisse se rendre compte sans retard des moyens qu'ils auront à leur disposition et prendre telles mesures qu'ils jugeront nécessaires pour l'emplacement des bataillons ou des régiments, leur emploi, leur procurer des vivres, munitions, etc.

« Je vous ferai connaître ultérieurement le nombre et les numéros des bataillons qui seront affectés à chacun des départements sous vos ordres ainsi que l'époque de leur arrivée.

« Lorsque ce mouvement général sera terminé, l'ennemi se trouvera enveloppé en avant, sur ses flancs et sur ses derrières, par des forces qui seront disséminées partout et contre lesquelles il aura à se défendre sur tous les points à la fois.

« Après vous avoir mis au courant du plan d'ensemble des opérations dont la garde mobile va être chargée, il me reste à vous donner quelques instructions succinctes sur le rôle que ces troupes auront à jouer et la manière dont elles doivent être employées.

« Les gardes mobiles n'ont ni une instruction, ni des cadres, ni une constitution assez solides pour pouvoir être utilisés comme troupe de ligne, avec d'autant plus de raison qu'on ne pourra presque jamais les faire soutenir par des forces régulières. Il faut les considérer comme des troupes légères destinées à agir en partisans et dont la mission est moins de combattre que de harceler l'ennemi; leur mission est, par leur présence tout autour de l'ennemi, d'abord de le gêner dans les réquisitions dont il écrase les territoires envahis, mais surtout de faire des coups de main et des pointes pour enlever les convois, couper les routes, les chemins de fer, détruire les ponts, etc.

« Partout où les mobiles trouveront une résistance un peu sérieuse, ils se retireront pour tenter un autre coup sur des points plus vulnérables. En un mot, c'est une véritable guerre de partisans que nos troupes doivent faire et pour laquelle il faut de la vigueur, de l'audace, de l'intelligence et surtout beaucoup de ruse. Cette guerre doit être d'autant plus facile pour les mobiles qu'ils seront renseignés et soutenus par les populations qui leur fourniront des guides pour toutes leurs excursions. Je n'ai pas besoin d'ajouter que c'est surtout dans les pays coupés et boisés que les troupes légères doivent être placées; c'est là où elles trouveront le plus de facilités pour masquer leurs mouvements et tomber à l'improviste sur les portions faibles de la ligne ennemie.

« Vous donnerez connaissance à tous les généraux, commandant les départements où ces forces doivent agir, de ces instructions que je vous laisse le soin de compléter d'après les circonstances, les lieux et la connaissance que vous pouvez avoir de la situation et de la position de l'ennemi. Les généraux de brigade doivent se mettre en rapport avec leurs voisins pour se renseigner et combiner leurs mouvements.

« Si ces instructions sont bien suivies et bien appliquées l'on peut faire beaucoup de mal à l'ennemi qui, ayant à se défendre à la fois sur un développement de plus de cent lieues de front, sera dans tous les cas bien gêné dans ses mouvements. Aussi je ne saurais trop faire appel à votre énergie, tout votre zèle et toute votre activité pour imprimer une vigoureuse direction à cette partie de la défense nationale.

« Je ne doute pas que les gardes mobiles bien pénétrés de l'importance de la mission qui leur est confiée dans les graves circonstances où nous sommes ne secondent le gouvernement et le pays qui fait un appel suprême à leur patriotisme.

« Vous m'accuserez réception de cette dépêche en me rendant compte des mesures que vous aurez prises pour en assurer l'exécution et vous me tiendrez au courant des opérations ultérieures. »

Après les tristes événements du 17 décembre à Bernay, le ministre de la guerre adressa la dépêche suivante au général de Lauriston, au commandant de Guilhermi, ainsi qu'aux préfets de l'Eure et du Calvados.

18 décembre 1870.

« La situation que vous me signalez est mauvaise à tous les points de vue ; quoi qu'il en soit, il est une

pensée dont vous devez être bien pénétré. Vous ne
devez et ne pouvez continuer la résistance dans le Calvados tant avec les troupes régulières qu'avec les forces
mobilisées qu'autant qu'elle peut l'être d'une façon
utile, c'est-à-dire qu'autant que la retraite peut être
assurée sur le Cotentin. Agissant autrement vous
risquez de sacrifier en pure perte les hommes que vous
engagez, en les faisant enfermer dans l'espace compris
entre Caen, Trouville et Evreux.

« Il faut que l'administration civile vienne en aide
au commandement militaire en exhortant la population
à se défendre, mais en lui faisant en même temps comprendre que la défense est souvent plus efficace en prenant une position avantageuse en arrière qu'en essayant
inutilement une défense locale.

« Donc défendez-vous sur place tant que vous voudrez et pourrez, mais à la condition expresse que les
troupes de toute sorte adopteront pour objectif définitif
de retraite le camp de Cherbourg où elles se concentre-
ront.

« Signé : DE FREYCINET. »

Le lieutenant-colonel Roy, ancien capitaine d'infanterie, retraité jeune encore par suite de blessures
reçues en Crimée et en Italie, commandait la première
légion des mobilisés du Calvados.

Il arriva à Bernay le 19 décembre, dans la matinée,

et, quelques jours après, fut nommé général au titre
auxiliaire.

Dès son arrivée, il adressa au ministre de la guerre
la dépêche suivante :

« MONSIEUR LE MINISTRE,

« J'ai pris possession du poste que vous-m'avez
confié. C'est une tâche ingrate que la défense d'un
pays sans avoir en main les outils nécessaires à l'attaque. Je ne faillirai pas ; mais si j'avais dix mille
hommes de bonnes troupes, un peu d'artillerie et
quelques escadrons de cavalerie je marcherais en avant
soit pour reprendre la ligne de l'Eure, soit sur Rouen.

Le Havre pourrait m'envoyer des canonnières, et, en
reprenant les retranchements de Bourgtheroulde à
Elbeuf, nous rendrions possible une attaque sur Rouen
à laquelle nous pourrions contribuer puissamment. Je
fais réarmer les gardes nationales sédentaires en arrière
de ma ligne de défense et, si je marche en avant, toutes
ont promis de me suivre ».

Il reçut le 22 la réponse suivante :

*Ministre de la Guerre à Général commandant
l'Eure.*

« Les troupes du camp de Cherbourg ne sont pas

meilleures que les vôtres ; sur les propositions du préfet du Calvados et du général de Lauriston, je vous ai nommé au commandement de l'Eure.

« Je ne puis malheureusement augmenter les troupes sous vos ordres. Vous ne pouvez donc penser à faire un grand mouvement offensif et à vous emparer de la Basse-Seine. Votre rôle est de défendre pied à pied le terrain et d'inquiéter les partis ennemis autant que vous le permettent les ressources dont vous disposez, en vous inspirant de l'esprit des instructions que j'ai transmises aux préfets du Calvados et de l'Eure ainsi qu'aux commandants des subdivisions. »

A peine le général Roy eut-il pris le commandement des forces de l'Eure qu'un désaccord s'établit entre lui et le général de Lauriston qui commandait celles du Calvados. Les dépêches suivantes extraites du rapport du lieutenant-colonel Power, comme les précédentes, édfieront le lecteur sur les causes et la nature de ce désaccord :

23 décembre.

Général commandant le Calvados à Ministre de la Guerre.

« Je reçois le communiqué d'une dépêche du secrétaire général de la Seine-Inférieure à vous adressée ;

d'après cela on croit nos forces sérieuses, mais il est de mon devoir de vous éclairer. Nous avons dans l'Eure environ huit mille mobiles occupant des positions défensives sur la vallée de la Risle, le reste des troupes se compose des gardes mobilisés du Calvados incomplétement armés, habillés et équipés, sans campement et à peine organisés.

« Les munitions sont très-insuffisantes. Nous n'avons aucune organisation nécessaire pour un corps d'armée ayant à se porter en avant ; pas d'administration, pas de payeurs, pas d'intendance, pas de services de vivres, rien, absolument rien : tout est à créer. Rester sur la défensive est la seule chose possible ; si on marchait en avant, on pourrait marcher à un désastre. Les autorités civiles ont en général la plus fausse idée de la force des troupes et par leur insistance à s'immiscer dans les affaires militaires, elles surexcitent l'esprit des populations. La responsabilité est énorme pour un chef et me ferait désirer d'en être déchargé. »

Le général de Lauriston refusa au général Roy le concours de ses troupes persuadé qu'un mouvement en avant était impossible.

Voici la dépêche qu'il adressa, le 24, au colonel de Gouyon, commandant les mobilisés du Calvados.

« J'ai eu conférence aujourd'hui avec le général Roy. Nous sommes convenus qu'il ne pouvait pas disposer des gardes nationales mobilisées qui restent toutes sous mon commandement, ainsi que la batterie du Morbihan et la cavalerie.

« Les troupes dont vous m'avez envoyé l'emplacement, devront donc rester sous votre commandement.
Il n'y a que les francs-tireurs qui resteront avec le général Roy.

« Vous aurez à exercer une surveillance particulière,
le général Roy ayant l'intention de faire un mouvement en avant un de ces jours.

25 décembre.

Général Roy au Ministre de la guerre.

« La défense du pays telle que je la comprends et
telle que je voudrais la diriger dans les circonstances
actuelles doit s'appuyer sur la population. Les mobiles
et les mobilisés sont la seule force en ce moment ; mais
la garde nationale sédentaire, qui est l'âme du pays,
doit marcher en seconde ligne, et, pour cela, des préfets
et des sous-préfets énergiques et patriotes sont indispensables.

« Le mouvement doit être inspiré au pays plutôt
que commandé, car, derrière la garde nationale mar-
chant en avant, surgiront les fourches et les faulx, raison
dernière des opprimés, et le jour où ces armes de désespoir apparaîtront, la France sera sauvée....

« Depuis le jour où j'ai pris le commandement, j'ai
constamment marché en avant....

« Si le général qui commande à Cherbourg, si le

général de Lauriston qui marche derrière moi veulent me suivre, nous pourrons arriver à faire quelque chose. »

29 décembre, 4 h. 5.

Général de Lauriston à général Roy.

« Dans les propositions que vous me faites chaque jour et que je ne peux approuver, vous ne tenez aucun compte de la différence qu'il y a entre vos troupes, composées de mobiles, organisés depuis longtemps et habitués aux marches et au feu et les miennes, composées de gardes mobilisés auxquels il manque les choses les plus nécessaires.

« Je ne comprends pas la défense comme vous; mes idées sont partagées par bien des gens sages. Si vous persistez dans vos projets, que je crois très-imprudents, il faudrait réunir les deux commandements du Calvados et de l'Eure. Vous seriez libre alors d'agir selon vos idées et d'endosser seul une responsabilité qui maintenant incombe à l'un et à l'autre.

31 décembre.

Lieutenant-colonel Saal à général Roy.

« Mon général,

« Je fais partir pour Routot quatre pièces d'artillerie

11

appuyées de 500 hommes. Je me tiens, avec le restant de ma troupe, prêt à marcher sur votre premier avis télégraphique, soit par Bourg-Achard, soit par Routot.

Le lieutenant-colonel, commandant la 1re légion.

« Signé : Saal. »

1 janvier, 10 h. 10 m.

Général du Calvados à lieutenant-colonel Saal,
à Pont-Audemer.

« J'ai été fort mécontent que vous ayez envoyé un bataillon et de l'artillerie au général Roy, à Routot. Rappelez-vous que vous êtes sous mes ordres et non sous les siens. Je veux conserver les positions de la vallée de la Risle et faire en sorte que nous ayons un appui dans l'intérêt même des troupes du général Roy. Faites donc rentrer votre bataillon à Pont-Audemer ainsi que votre artillerie et rendez-moi compte. »

1er janvier.

Général commandant supérieur du Calvados à
colonel commandant mobilisés du Calvados.

« Je n'annonce rien. Je vous défends de sortir des lignes de la Risle et des points occupés par vous.

« Je ne veux pas suivre le général Roy, que nous servirons mieux dans nos lignes de la Risle qu'en s'entêtant à faire tuer du monde sans résultat. »

A la suite de dépêches adressées par les deux généraux au Ministre de la guerre, ils reçurent l'un et l'autre, dans la nuit du 1er au 2 janvier, le télégramme suivant :

> Date : Dépôt 1er janvier, 11 h. 15 s.
> Reçu 2 janvier, 1 h. 15 m.

Ministre de la guerre à général Lauriston, commandant Calvados, Caen, et à général Roy, commandant Eure, Bourgtheroulde.

« Un congé pour cause de santé est accordé au général Lauriston, sur sa demande, et le général Roy sera, jusqu'à nouvel ordre, chargé de l'intérim.

« En conséquence, le général Roy commandera provisoirement les deux départements de l'Eure et du Calvados.

« Le général Lauriston se concertera immédiatement avec le général Roy pour la remise du service.

« *Signé :* DE FREYCINET. »

3 janvier 1871.

Lettre du général Roy au lieutenant-colonel Thomas

« Ayant pris, à partir d'aujourd'hui, le commandement de toutes les forces qui opèrent dans l'Eure et le Calvados, je vous informe que je vais prendre immédiatement des mesures pour que les troupes qui ont pris part aux affaires du 30 et du 31, puissent prendre un repos nécessaire.

« Une certaine précaution cependant est indispensable, parce que les troupes que je vais vous adjoindre n'ont pas encore vu le feu. Je ferai donc, pendant un certain temps, monter les gardes et garder les avant-postes par des troupes fractionnées, moitié ayant vu le feu et moitié ne l'ayant pas vu, et je vous prie de vouloir bien donner les instructions pour que les officiers et les corps instruits se chargent d'indiquer aux nouvelles venues les précautions à prendre. Que les factionnaires soient, autant que possible, deux par deux, de manière que l'ancien instruise la recrue; en un mot, qu'il l'aide et lui apprenne à se tirer d'affaire en toute occasion, tant pour se loger, se nourrir que pour se garder et se battre.

« J'espère que la concorde la plus entière règnera entre les deux troupes, je le désire, je le veux......... Tout désaccord entre officier ou soldat des troupes nouvelles et des anciennes sera par moi puni de la manière la plus exemplaire et, comme je suis investi, comme chef d'armée, par une circulaire que je viens de recevoir, du pouvoir de nommer à titre définitif, jusqu'au grade de capitaine inclusivement, je suis également pourvu du droit de cassation. Or, si je suis large pour les récompenses, dites bien aux officiers de tout le détachement que vous avez sous vos ordres, que je serai impitoyable dans la répression pour ceux qui ne se conduiraient pas en vrais frères d'armes avec les camarades nouveaux venus qui viennent partager leurs fatigues et leurs périls.

« Il faut, colonel, que nous réussissions. J'ai besoin du concours de tous; j'ai le vôtre, je le sais. Faites comprendre à tous vos officiers qu'ils doivent suivre votre exemple.

« A partir du 9, nous aurons les vivres de campagne; un sous-intendant veillera à tous nos besoins. Je vous adresse une des circulaires fixant les bases des rations; faites-en donner copie aux corps sous vos ordres. »

Le capitaine de vaisseau Mouchez, commandant de l'armée du Havre, arrivait à Bourg-Achard au moment du combat du 4 janvier. Il venait malheureusement trop tard pour s'entendre avec le général Roy afin de combiner leurs mouvements sur les deux rives de la Seine.

Voici la lettre qu'il lui adressa le lendemain.

Honfleur, 5 janvier.

« GÉNÉRAL,

« J'étais venu hier pour vous voir à La Bouille et m'entendre avec vous sur notre marche en avant à combiner avec celle du général Faidherbe, mais en présence des événements de la journée, je rentre au Havre d'où j'apprends que nous avons été aussi attaqués à Bolbec. J'ai rencontré ici une partie de vos troupes sans munitions et sans effets d'équipement. Elles me demandaient à rentrer au Havre pour s'équiper, je leur ai répondu d'attendre vos ordres, ne sachant pas quelles sont vos intentions.

« Veuillez agréer l'assurance de mes meilleurs sentiments.

« Signé : MOUCHEZ. »

Situation des troupes allemandes à la fin de décembre 1870.

Le passage suivant est extrait de l'ouvrage du major Blume, attaché au grand état-major prussien (*opérations des armées allemandes*). J'en dois la communication à l'obligeance de M. Power.

. . . .

. . . .

« . . . . . . Mais pendant ce temps, la situa-

« tion avait pris un caractère plus menaçant du côté de
« Rouen; un mouvement en avant se faisait remar-
« quer de Bernay et du Havre, sur les deux rives de la
« Seine; il s'accentuait surtout sur la rive gauche où,
« par suite du départ de six bataillons pour Amiens, il
« était devenu nécessaire de prendre position plus en
« arrière dans le coude que forme la Seine à Grand-
« Couronne. Les forces de l'ennemi, sur chacune des
« deux rives, étaient évaluées à 15 ou 20,000 hommes.

« La ville de Rouen se prêtant peu à une défense
« directe, il était indispensable d'en maintenir l'adver-
« saire aussi loin que possible; mais pour cela, il fal-
« lait pouvoir disposer d'un corps relativement assez
« nombreux sur chaque rive de la Basse-Seine qu'il est
« difficile de traverser en raison de sa grande largeur,
« sans compter la garnison rendue nécessaire par la
« grande agglomération ouvrière de la ville même et
« de ses environs immédiats.

« Le meilleur moyen de tenir l'ennemi à distance
« consistait à pousser des pointes offensives, toujours
« courtes mais très-vigoureuses, aussitôt que l'adver-
« saire ferait mine de s'approcher à une proximité
« inquiétante sur l'une ou l'autre rive; il paraissait
« surtout opportun d'en finir définitivement avec toute
« résistance de ce côté avant que l'armée du Nord ne
« vint à entreprendre de nouvelles opérations offen-
« sives.

« Afin de mettre le général de Bentheim qui com-
« mandait à Rouen, en mesure d'en agir ainsi, le gé-

« ral de Manteuffel prenait encore trois bataillons de la
« 3ᵉ brigade d'infanterie repartie à Amiens et devant
« Péronne, et les dirigeait par chemin de fer sur Rouen,
« où ils arrivaient le 2 janvier.

« On avait différé jusqu'alors de prendre l'offensive,
« bien que le 31 décembre, déjà, cinq bataillons
« eussent exécuté une rapide opération par Grand-
« Couronne. Les détachements ennemis que l'on avait
« rencontrés avaient été en partie dispersés, en partie
« rejetés dans le château-fort de Robert-le-Diable. Le
« château avait été ensuite enlevé d'assaut, et l'ennemi
« y avait laissé des morts nombreux et environ 100
« prisonniers.

« Les lignes ferrées Rouen-Amiens et Amiens-
« Creil-Gonesse une fois rétablies, et un matériel suffi-
« sant étant en voie d'acheminement par La Fère,
« cela mettait fin aux considérations qui avaient motivé
« l'ordre de concentration du gros de la première
« armée à Beauvais, formulé dans les instructions des
« 13 et 17 décembre.

« Désormais, grâce à ces lignes, les ailes séparées de
« la 1ʳᵉ armée pouvaient se prêter un appui mutuel ;
« elles n'avaient plus besoin d'une réserve commune et
« la voie ferrée Amiens-Gonesse assurait dorénavant
« tous les avantages d'une coopération réciproque de
« la 1ʳᵉ armée et de l'armée de la Meuse.

« La séparation en deux groupes, l'un à Rouen,
« l'autre à Amiens devenait, pour l'avenir, la condi-
« tion normale de la 1ʳᵉ armée, savoir : à Rouen le 1ᵉʳ

« corps (moins 3 bataillons), et la brigade de dragons
« de la garde, sous les ordres immédiats du général de
« Bentheim.

« Sur la Somme, le 8ᵉ corps, le détachement de
« Senden, la 3ᵉ division de cavalerie, la brigade com-
« binée de cavalerie de la garde, sous les ordres du
« général de Goëben, avec l'aile droite couverte, en
« outre, par la 12ᵉ division de cavalerie détachée de
« l'armée de la Meuse. Après le départ pour Rouen
« d'une partie de la 3ᵉ brigade d'infanterie, la 16ᵉ divi-
« sion d'infanterie était chargée, concurremment avec
« le détachement de Senden, du blocus et du siége de
« Péronne. . . . .

. . . .

Situation des troupes du général Roy, au moment où
le commandement du Calvados fut ajouté à celui
de l'Eure.

Nous extrayons du rapport du lieutenant-colonel
Power, le passage suivant :

Après avoir reçu avis de la décision du Ministre qui
ajoutait le commandement du Calvados à celui de
l'Eure, le général Roy redoubla d'activité. Il écrivit de
nouveau au commandant des troupes du Havre pour
lui demander d'agir plus vigoureusement sur la rive

droite; il télégraphia au préfet du Calvados pour lui annoncer qu'en vertu des pouvoirs qui lui étaient conférés, il appelait aux armes tous les gardes nationaux sédentaires au-dessous de 40 ans, pour leur faire garder la position en arrière et avoir ainsi toutes ses troupes disponibles. Il fit aussi des démarches pour obtenir qu'on lui envoyât une partie des mobilisés du département de l'Eure qui étaient restés derrière les lignes de Carentan.

En même temps, il s'occupa d'organiser le service de l'intendance, le service de la solde, le service médical, de se procurer des réserves de munitions, et, malheureusement manquant d'un personnel suffisant êt qui fût au courant de ces différents services, manquant surtout d'une manière presque absolue d'approvisionnement de toute espèce et ne pouvant, sous ce rapport, rien obtenir du Ministre de la guerre, l'organisation ne pouvait se faire en quelques jours.

La rigueur de la saison et la nature des positions occupées par les troupes venaient encore augmenter les difficultés.

En effet, depuis plusieurs jours, le thermomètre était descendu à 12 et même 15 degrés au-dessous de zéro; la terre était couverte d'une épaisse couche de neige et de glace. Tous les postes importants à occuper se trouvaient en pleine forêt, et les nuits dans ces conditions étaient terribles. Chaque matin, un grand nombre de soldats malades ou ayant les pieds gelés devaient être transportés, faute d'ambulance, chez les particuliers qui voulaient bien se charger de les soigner.

Il ne faut pas oublier que la plupart d'entre eux n'avaient encore pour vêtements que de légères vareuses et que presque tous n'avaient aux pieds que des débris de mauvaises chaussures. La troupe ne recevait pas encore de vivres de campagne et les communes voisines de la forêt, déjà épuisées par les Allemands, ne pouvaient pourvoir à ses besoins.

————

Le général Roy, après avoir reçu le rapport du commandant Goujon, lui adressa la lettre suivante :

« Bourgtheroulde, le 31 décembre 1870.

« *Mon cher commandant,*

« *Je n'ai que des éloges à vous adresser sur la manière dont vous avez conduit l'affaire, et je vous en exprime toute ma satisfaction. Votre blessure me fait regretter d'être privé des services, pendant quelque temps du moins, d'un officier de votre mérite.*

« *Je vous demanderai de vouloir bien compléter votre rapport en me disant à combien vous estimez les pertes de l'ennemi.*

« *Recevez, mon cher commandant, l'assurance de mes sentiments affectueux.*

« *Général Roy.* »

Etat des troupes placées sous le commandement du général Roy, à la date du 1er janvier 1871.

39e régiment de garde mobile (Eure). — Lieutenant-colonel Power.

1er bataillon, commandant Guillaume, effectif approximatif présent...................... . 8|0

2o bataillon, commandant Ferrus, effectif approximatif présent 900

3e bataillon, commandant V***, effectif approximatif présent 600

41e Régiment de garde mobile (Ardèche). — Lieutenant-colonel Thomas.

1er bataillon, commandant de Guibert, effectif approximatif présent..................... 1.050

2o bataillon, commandant Bertrand, effectif approximatif présent..................... 1.000

3e bataillon, commandant de Montgolfier, effectif approximatif présent.............. 970

Garde mobile des Landes.

1er bataillon, commandant Condoumy, effectif approximatif présent..................... 1.050

3e bataillon, commandant Betat, effectif approximatif présent...................... 800

Garde mobile de la Loire-Inférieure.

6o bataillon, commandant Mannet, effectif approximatif présent............................ 920

Mobilisés de la Seine-Inférieure.

Bataillon d'Elbeuf, commandant Goujon, effectif approximatif présent 930

Marins.

Un détachement de 50 hommes, lieutenant Durand, laissé à Bernay pour y maintenir l'ordre 50

Francs-Tireurs

De l'Eure, 1re compagnie, capitaine Lortu, effectif approximatif présent 110

De l'Eure, 2e compagnie, capitaine Thionet, effectif approximatif présent................ 50

De Louviers et du Neubourg, capitaine Golvin, effectif approximatif présent......... 120

De Rugles, capitaine Bennet, effectif approximatif présent........................... 88

De Breteuil, capitaine Glaçon, effectif approximatif présent......................... 80

De Seine-et-Oise, capitaine Poulet-Langlet, effectif approximatif présent............... 200

De Dreux, capitaine Laval, effectif approximatif présent 45

Guérilla rouennaise, capitaine Buhot, effectif approximatif présent.................... 50

Corps-franc du Calvados, capitaine Pascal, effectif approximatif présent............... 100

Eclaireurs de Normandie, 1re compagnie, capitaine Trémant, effectif approximatif présent 70

Eclaireurs de Normandie, 2e compagnie,

capitaine Lumière, effectif approximatif présent   80
  Francs-tireurs de la Dive, capitaine de Logi-
vière, effectif approximatif présent............   40
  Francs-tireurs de Lisieux, capitaine Franck,
effectif approximatif présent................   3o
  Francs-tireurs de Saintes, effectif approxi-
matif présent................................   35
  Francs-tireurs du Puy-de-Dôme, capitaine
Bezelgue, effectif approximatif présent.......   5o

Cavalerie.

  Une centaine de gendarmes, commandant Cha-
bles.......................................   1oo
  Vingt-quatre gardes à cheval du Calvados,
capitaine Duval............................   5o

Artillerie.

Batterie des mobiles des Basses-Pyrénées, 4 canons
anglais (calibre o7 centimètres environ), capitaine
Thiesson.

Des mobilisés du Calvados, 6 canons de 4 rayés de
montagne, capitaine Frémont.

Des mobiles des Côtes-du-Nord, 4 canons de 4 rayés
de montagne, lieutenant Rabeil.

Total environ 10,5oo hommes et 14 canons.

Troupes du général de Lauriston, qui, à la date du 3 janvier, passèrent sous les ordres du général Roy.

Mobilisés du Calvados, colonel de Gouyon. — 1re légion, lieutenant-colonel Saal.

1er bataillon, commandant Auvray, effectif approximatif présent............................... 580

2e bataillon, commandant Monot, effectif approximatif présent............................... 520

3e bataillon, commandant de Cyrenne, effectif approximatif présent........................... 620

4e bataillon, commandant Moreau, effectif approximatif présent 750

5e bataillon, commandant Cannu, effectif approximatif présent............................ 650

2e Légion, colonel de La Touche.

1er bataillon, commandant V***, effectif approximatif présent........................... 630

2e bataillon, commandant Graffet, effectif approximatif présent........................... 560

3e bataillon, commandant Lagnier, effectif approximatif présent........... 440

4e bataillon, commandant Poulain, effectif approximatif présent 430

3ᵉ Légion, colonel Vérel.

1ᵉʳ bataillon, commandant Leroy, effectif approximatif présent 400

2ᵉ bataillon, commandant Lecomte Eugène, effectif approximatif présent.................. 450

3ᵉ bataillon, commandant Barrot, effectif approximatif présent............................. 5oo

4ᵉ bataillon, commandant Gentil, effectif approximatif présent 5oo

Bataillon de douaniers, commandant de Tarradon, effectif approximatif présent 400

Cavalerie.

12ᵉ régiment de chasseurs, colonel Reinach, effectif approximatif présent................. 400

Artillerie.

Batterie des mobiles du Morbihan, 6 canons de 12 rayés, capitaine Redon.

Total, environ 8,ooo hommes et 6 canons.

CANTON DE GRAND-COURONNE.

Montant des réquisitions et dommages résultant de l'occupation allemande.

—

Grand-Couronne	191,987 fr.	»» c.
Moulineaux...............	113,534	24
La Bouille...............	93,638	30
Petit-Couronne	102,278	24
Grand-Quevilly	45,000	»»
Petit-Quevilly...........	32,713	»»
Sotteville	39,528	33
Saint-Etienne-du-Rouvray..	23,717	54
Oissel..................	52,095	20
Saint-Pierre-de-Manneville.	19,611	»»
Hautot..................	4,029	18
Sahurs	10,819	80
Val-de-la-Haye	8,231	70
TOTAL.........	**737,184 fr.**	**16 c.**

PRÉFECTURE DU DÉPARTEMENT DE LA SEINE-INFÉRIEURE

RÉQUISITION TEMPORAIRE

DE

Voitures et de chevaux

—

Les communes ci-après désignées de l'arrondissement de Rouen sont requises de fournir à l'armée prussienne le nombre des voitures, chevaux et cochers dans la proportion qui suit :

Nᵒˢ	COMMUNES.	CHEVAUX.	VOITURES et cochers.
1	Elbeuf....................	3o	15
2	Sotteville-lès-Rouen	20	10
3	Caudebec-lès-Elbeuf......	20	10
4	Darnétal	20	10
5	Petit-Quevilly	20	10
6	Déville..................	20	10
7	Oissel...................	20	10
8	Saint-Pierre-lès-Elbeuf....	16	8
9	Boisguillaume	12	6
10	Canteleu	12	6
11	Pavilly.................	12	6
12	Barentin...............	12	6
13	Maromme...............	12	6

Nos	COMMUNES.	CHEVAUX.	VOITURES et cochers.
14	Monville...............	12	6
15	Duclair................	12	6
16	Mont-Saint-Aignan......	12	6
17	Notre-Dame-de-Bondeville	12	6
18	Saint-Étienne-du-Rouvray	12	6
19	La Bouille.............	10	5
20	Grand-Couronne........	10	5
21	Grand-Quevilly..........	10	5
22	Blosseville-Bonsecours...	10	5
23	Malaunay	10	5
24	Le Houlme.............	10	5
25	Boos	8	4
26	Buchy.................	8	4
27	Clères	8	4
28	Amfreville-la-Mivoie.....	8	4
29	Ry	8	4
30	Fontaine-le-Bourg.......	8	4
31	Mesnil-Esnard..........	6	3
		400	200

Ces 200 voitures devront autant que possible être à quatre roues.

Elles devront être rendues à Rouen le *Vendredi 16 Décembre*, à 9 heures du matin, sur la place du Champ-de-Mars, pour être mises à la disposition de l'armée prussienne.

Les cochers devront prendre les mesures nécessaires relativement à leur personne pour se diriger vers Paris.

A partir du moment où les voitures seront livrées au lieu indiqué ci-dessus, les cochers et les chevaux seront nourris aux frais de l'armée.

Des conducteurs prussiens seront chargés de veiller sur les cochers et les voitures et à la restitution de ces dernières à leurs propriétaires.

Les communes qui ne donneront pas suite immédiatement et entièrement à la réquisition ci-dessus mentionnée, sont prévenues qu'on se procurera à leurs frais tout équipage qui manquera, et qu'elles auront à subir, en outre, une amende triple de ces frais.

Fait à Rouen, en l'Hôtel de la Préfecture, le 12 décembre 1870.

Le Préfet,

H. CRAMER.

Quelques spécimens de bons de réquisition allemands.

Les bons de réquisitions, le plus ordinairement rédigés en allemand, étaient plus ou moins soigneusement écrits suivant qu'ils étaient l'œuvre d'un capitaine, d'un lieutenant ou d'un sous-officier-fourrier ; mais aucun n'égalait en netteté ceux qui étaient faits par le payeur. On y reconnaissait l'exactitude, l'ordre et l'esprit méthodique du comptable.

Voici la traduction de quelques-uns de ces bons :

Le soussigné certifie que la commune d'Oissel a logé et nourri du 24 au 28 décembre 1870,

   5 officiers,

  151 soldats.

Oissel-sur-Seine, le 29 décembre 1870.

RAUMANN,
Capitaine et chef de la 7ᵉ batterie de campagne, régiment de l'Ouest de la Prusse, n° 1.

La commune de la Roquette a fourni une vache pour la 12ᵉ compagnie de grenadiers.

Au Clos-Gosse, le 30 décembre 1870.

DE AUERS,
Premier lieutenant.

955 kil. de viande provenant de 8 vaches ont été fournis par la commune d'Oissel, savoir :

Le 24 déc. 1870, pour le 1er bataillon de grenadiers, régiment Prince-Royal, n° 1 de l'Ouest de la Prusse.. 257 hommes.

Le 25 —   --   257
Le 26 —   —   680

    2° bataillon   4
    bataillon de fusiliers   4
    dragons de Lithuanie   10

Le 27 —   —   698
                      —————
Total.... 1,910 hommes.

à un demi-kilo par homme et par jour.

Oissel, 27 décembre 1870.

KLERT,
Payeur.

Mme Dieppedalle a fourni une vache pour la 11° compagnie de grenadiers, régiment Prince-Royal.

Oissel, le 21 décembre 1870.

WINDEL,
Sous-officier et fourrier.

Quelques réquisitions étaient rédigées en français plus ou moins correct :

Le Maire !

Vous donnez une voiture pour voyagée à l'hospital Rouen, le conducteur parti, retour douzuite ! ! !

Signature illisible.

D'autres affectaient une certaine politesse :

Monsieur Maire, vous avez eu la bonté de donner des billets de logement pour le corps de garde, mais les habitants ne peuvent donner de la viande. Cela pourquoi veuillez chercher un mouton.

GOSSLER,
Porte-enseigne,
1er régiment Prince-Royal.

La 3e compagnie du régiment n° 1 a besoin de 30 chandelles, il faut que le maire d'Orival fournisse ces chandelles.

DE SHARFENAST,
Chef de la compagnie.

Orival, le 28 décembre 1870.

Il faut donner pour l'éclaircissement du corps-de-garde 40 bougies.

SUMANDI,
Premier lieutenant.

Par ordre du commandant de Massow, les habitants d'Orival sont tenus de faire enlever immédiatement toutes les barricades.

La bonne exécution de ces travaux sera surveillée par les patrouilles du corps-de-garde.

Elbeuf, le 9 janvier 1871.

Le Major,
DE BRIZOSKA.
Commandant de place.

Le corps-de-garde, qui vient de monter, ayant déjeuné, n'a à réclamer qu'une livre de pain et un peu de fromage le soir et une tasse de café noir, le matin, par homme.

Règlement pour la mairie d'Orival.

Le major-commandant.

Certains bons étaient griffonnés au crayon et presqu'illisibles. Ceux-là étaient évidemment écrits par des maraudeurs qui donnaient ainsi un semblant de satisfaction à ceux qu'ils mettaient à contribution suivant leur caprice.

L'objet de ces réquisitions l'indique assez :

La 1re compagnie grenadiers, régiment Prince-Royal a pris, par voie de réquisition, chez M. Prod'-homme,

10 bouteilles cognac.

10 bouteilles de vin.

DE LEUYT,
Second lieutenant.

Par le présent, il est constaté que le sieur Prod'homme a fourni :

5 bouteilles cognac.

Le drôle en a, mais il ne veut pas en donner.

Signature illisible.

Je soussigné reconnais avoir réquisitionné chez M. Laquerrière,

5 bouteilles cognac,

5 bouteilles de vin.

DE LEUYT,

Second lieutenant.

Une vache a été réquisitionnée chez M. le comte de Talhoüet, par ordre du lieutenant de Creuyt, 1re compagnie de grenadiers, régiment Prince-Royal, en outre, 70 bouteilles de vin et un lapin.

WINDEL,

de la 1re compagnie, régiment Prince-Royal.

———

Contribution de guerre de 24 millions imposée au département de la Seine-Inférieure, par le gouvernement allemand.

———

LE BARON DE PFUEL ET LE CONSEIL GÉNÉRAL.

A propos de la contribution de guerre de 24 millions imposée au département de la Seine-Inférieure, le baron de Pfüel crut devoir adresser à chacun des membres du Conseil général la lettre suivante :

CABINET   Rouen, le 10 février 1874.
DU PRÉFET
de la Seine-Inférieure

CONSEIL GÉNÉRAL

CONVOCATION   *Monsieur,*

« *En vertu des instructions que j'ai reçues de mon gouvernement, j'ai l'honneur de vous inviter à vous réunir à vos collègues, en conseil privé, à l'effet d'examiner et de me faire connaître le mode qu'il conviendrait d'adopter pour la répartition équitable entre toutes les communes, de la contribution de guerre imposée au département de la Seine-Inférieure.*

« *La réunion du Conseil général aura lieu au Palais des Consuls (salle des tableaux), le mardi 14 février courant, à midi.*

« *Agréez, Monsieur, l'assurance de ma haute considération.*

« *Signé :* baron de PFUEL. »

La plupart des conseillers généraux, considérant que cette question intéressait au plus haut degré le département, et que répondre par un refus à l'invitation du baron de Pfüel, c'était s'exposer à compromettre gravement les intérêts qui leur étaient confiés, prirent le parti de s'y rendre.

Le mardi donc, 14 février, à midi, les conseillers généraux, en grande majorité, se trouvèrent au palais des Consuls.

Le baron de Pfüel, après avoir reconnu que la réunion n'avait et ne pouvait avoir qu'un caractère purement officieux, exposa les motifs qui l'avaient déterminé à la provoquer, et invita les conseillers présents à vouloir bien lui donner leur avis sur le mode qu'il conviendrait d'adopter pour la répartition entre les communes de la contribution de guerre de 24 millions imposée au département.

Cette question, aussi grave que délicate, ne pouvait être librement discutée en présence du baron allemand; celui-ci le comprit et se retira, après avoir accepté la proposition qui lui fut faite de lui adresser une réponse écrite dans la journée même.

L'assemblée, après avoir suspendu quelques instants sa séance, adopta le projet de réponse suivant qui lui fut soumis par une commission [1] à laquelle elle avait confié le soin de la rédiger.

---

[1] Cette commission était composée de MM. Barbet, président; comte de Germiny; Jules Reiset; Edouard Turgis; J. Grout, rapporteur.

C'est à l'obligeance de notre ami M. Grout, que nous devons la communication de cette pièce.

14 février 1871.

*A M. le baron de Pfüel, préfet prussien, siégeant à
la préfecture à Rouen.*

Monsieur le préfet,

Les conseillers généraux soussignés, réunis en conseil privé, après avoir pris connaissance de la communication que vous leur avez faite, ont cru devoir soumettre à votre haute appréciation les observations suivantes :

Vous les avez appelés, Monsieur le préfet, pour examiner et vous faire connaître le mode qu'il conviendrait d'adopter pour la répartition équitable entre toutes les communes de la contribution de guerre de 24,000,000 francs, imposée au département de la Seine-Inférieure..... Mais, entre la date de la lettre de convocation qu'ils ont reçue et le moment de leur réunion, cette répartition a été signifiée aux communes par l'autorité militaire, et par conséquent la mission des conseillers généraux soussignés se trouverait n'avoir plus d'objet.

Ils ont cependant voulu profiter de leur réunion pour appeler votre sérieuse attention sur la gravité des conséquences que cette mesure peut avoir pour le département.

La base de répartition adoptée par l'autorité militaire est assurément celle qui conduira aux résultats les moins équitables. Il arrive en effet que plus une commune comptera d'habitants, quelle que soit sa richesse, plus elle supportera d'impôts ; de telle sorte que les communes les plus pauvres pourront se trouver et se trouveront effectivement les plus grevées. En ce moment même, il est certain que dans les centres industriels les 8/10es de la population ne vivent qu'à l'aide des secours délivrés par la charité publique et privée.

Vous le savez, Monsieur le préfet, la misère est à son comble dans le département; le chômage des usines, l'interruption des relations commerciales et civiles ont jeté sur le pavé un grand nombre d'ouvriers et c'est à peine si toutes les ressources de l'assistance parviennent à suffire aux plus pressants besoins. Est-ce donc, Monsieur le préfet, dans d'aussi tristes circonstances que le gouvernement général de Versailles peut exiger la perception immédiate de la contribution de guerre à laquelle il a cru devoir taxer la Seine-Inférieure?

Cette contribution dépasse d'ailleurs les limites du possible : dans un temps de prospérité générale, nous n'oserions assurer qu'il y eût moyen d'encaisser 24 millions d'impôts; aujourd'hui nous pouvons assurer que la mesure est irréalisable.

Le département de la Seine-Inférieure ne peut non plus se substituer aux communes. Les conseillers généraux soussignés n'ont ni qualité, ni mandat pour obliger les finances départementales. A quoi servirait-il d'ailleurs de prendre un engagement qu'il ne pourrait tenir ?

Le gouvernement général de Versailles a demandé à la ville de Paris 200,000,000 francs d'indemnité, ce qui ne représente pas même une année du revenu de cette grande cité. Comment pourrait-il avec équité demander à la Seine-Inférieure une somme de 24 millions, qui représenterait plus de trois années d'impôts, et cela en quelques jours et à des habitants qui ont eu déjà et qui continuent à supporter les plus lourdes réquisitions pour le logement et la nourriture de troupes nombreuses?

Un décret, dont le public a tout récemment connaissance, ordonne d'ailleurs de verser dans les caisses du gouvernement général de Versailles, les douzièmes échus non-seulement de l'impôt dû à l'Etat, mais même de l'impôt dû au département ; comment dès lors la Seine-Inférieure pourrait-elle prendre à son compte la charge excessive qui a été imposée aux communes ?

Les conseillers généraux soussignés font remarquer enfin à Monsieur le préfet qu'au moment où la France vient d'élire une Assemblée chargée d'examiner les conditions de paix qui seront posées par l'Allemagne, il y aurait toute équité à surseoir l'exécution de mesures fiscales, qui, si la paix est conclue, devraient être nécessairement réparties sur tout le territoire et toutes les populations de la France. Lorsque le gouvernement de la défense nationale et le gouvernement général de Versailles sont tombés d'accord pour proroger de quelques jours l'armistice, le gouvernement général de Versailles ne peut-il donc proroger aussi de quelques jours l'exécution de mesures qui sont vraiment impraticables, et seraient peut-être de nature, si elles étaient poussées à l'extrême, à rendre plus difficile l'entente de la France et de l'Allemagne. Ne peut-on dire enfin que dans la convention signée, le 26 janvier dernier, à Versailles, entre M. Jules Favre et M. le comte de Bismark, aucune clause n'autorise à frapper les habitants de la Seine-Inférieure d'une contribution extraordinaire qui rendrait leur condition plus dure pendant l'armistice que pendant les opérations actives de la guerre.

Telles sont, Monsieur le préfet, les observations et conclusions qu'ont l'honneur de vous soumettre les conseillers généraux soussignés. Ils espèrent, Monsieur le préfet, que vous les apprécierez avec l'esprit de conciliation dont vous leur avez donné l'assurance, et que vous voudrez bien les transmettre et au besoin les appuyer auprès du gouvernement général de Versailles. Ils vous prient aussi instamment, Monsieur le préfet, de vouloir bien, d'accord avec l'autorité militaire, suspendre le recouvrement de l'impôt de guerre, en attendant la réponse du gouvernement de Versailles. Plusieurs communes ont reçu l'ordre de verser dès demain, 15 février

courant, leur contingent, et elles sont dans l'impossibilité de le faire.[1]

[1] Nous regrettons de ne pouvoir donner les noms des
conseillers généraux présents à la réunion ; il nous a été
impossible de nous procurer ce renseignement, l'autorité
allemande ayant enlevé tous les documents concernant
ses actes.

RECUEIL OFFICIEL

DES ACTES DE L'AUTORITÉ ALLEMANDE.

RECUEIL OFFICIEL

DU DÉPARTEMENT

DE LA SEINE-INFÉRIEURE.

——

Quartier général à Rouen.

Ce 8 décembre 1870.

Comme le préfet de la Somme, celui du département de la Seine-Inférieure a quitté son poste au moment de l'entrée de la première armée de Sa Majesté le roi de Prusse, dans la capitale du département.

L'ordre de l'administration est l'intérêt de l'armée, mais encore plus celui de la population.

Je charge M. CRAMER, conseiller de Sa Majesté le Roi, des affaires de la Préfecture du département de la Seine-Inférieure, en engageant tous les lieux d'administration de s'adresser à lui en cas de besoin et de lui obéir en tout point.

Le baron E. DE MANTEUFFEL,

Général en chef, aide-de-camp général
de Sa Majesté le roi de Prusse.

Proclamation.

Le 13 décembre 1870.

M. L. de Heydebrand et de Lasa, commandant la gendarmerie du 1ᵉʳ corps d'armée prussienne, est nommé préfet de police du département de la Seine-Inférieure, et entre en fonctions à partir d'aujourd'hui.

Le baron DE MANTEUFFEL,

Général en chef, aide-de-camp général
de Sa Majesté le roi de Prusse.

PRÉFECTURE DU DÉPARTEMENT DE LA
SEINE-INFÉRIEURE.

Aux habitants du département de la Seine-Inférieure.

Après l'occupation de Rouen et d'une grande partie de la Normandie par les troupes royales prussiennes ;

Par ordre des autorités militaires prussiennes ;

Toutes les lois françaises sur la conscription et la garde mobile ;

Tous les décrets du gouvernement français sur l'appel aux armes, la levée en masse et l'enrôlement, soit dans la garde mobile, sédentaire ou mobilisée, soit dans les francs-tireurs ou toute autre troupe,

Sont abolis.

Chaque habitant qui, en contravention à nos ordres, obéira à la conscription, partira pour un service quelconque, s'enrôlera volontairement ou coopérera à une action militaire quelconque, sera soumis à la cour militaire prussienne et jugé d'après le code pénal militaire prussien; en outre, tous ses biens et sa commune seront responsables pour lui.

MM. les Maires sont chargés de veiller assidûment sur tous les membres de leur commune assujettis jusqu'à présent aux lois et décrets mentionnés plus haut, et tenus de nous dénoncer immédiatement l'éloignement de sa commune de tout homme valide.

De plus, chaque individu qui détruit un pont, un canal, une route, une voie ferrée, un télégraphe, *passera devant un conseil de guerre prussien et sera puni de mort.*

Rouen, le 12 décembre 1870.

Le Préfet,

H. CRAMER.

———

Notification.

Les habitants du département sont prévenus que, dans les villages situés sur la rive gauche de la Seine, il s'est opéré des recrutements militaires. Environ 100 conscrits ont été arrêtés par l'autorité militaire prussienne et transportés en Allemagne comme prisonniers de guerre.

Rouen, le 12 décembre 1870.

Le Préfet,

H. CRAMER.

Notification.

Par ordre du Roi de Prusse, les habitants de Rouen et du département de la Seine-Inférieure sont tenus de recevoir en paiement la monnaie prussienne, soit métallique, soit en papier.

TABLE DES MONNAIES.

    1 Thaler égale . . . . . 3 fr. 75 c.
    1 Silbergroschen égale. . . 0 fr. 12 c. 1/2.
    8 Silbergroschen égalent . . 1 fr. »

Rouen, le 14 décembre 1870.

Le Préfet,

H. CRAMER.

Proclamation.

Les habitants de la ville de Rouen sont avertis que toutes les armes, soit les armes à feu, soit les armes blanches, doivent être déposées immédiatement à l'Hôtel-de-Ville, et que chaque habitant sera traduit devant le conseil de guerre, s'il n'a pas remis ses armes avant le mardi 6 décembre, à deux heures de l'après-midi.

Rouen, le 5 décembre 1870.

SACHS,
Major, commandant la place.

Proclamation.

En vertu de l'article 18, partie II, du code pénal militaire prussien, il sera établi, pour le district du 8ᵉ corps d'armée, des conseils de guerre qui jugeront tous ceux qui auront sciemment porté préjudice aux troupes de la Confédération de l'Allemagne du Nord et des États alliés ou qui auront secondé avec préméditation l'armée française.

De plus, nous ordonnons ce qui suit :

(1) Sera puni de mort, tout particulier qui aura servi d'espion aux troupes françaises ou qui aura logé, caché ou secondé un espion français.

(2) Sera puni de mort, quiconque aura volontairement servi de guide aux troupes françaises.

(3) La même peine sera appliquée à celui qui, servant de guide aux troupes de S. M. le Roi de Prusse et de ses augustes Alliés, aura été convaincu de mauvaise foi.

(4) Sera puni de mort celui qui, par esprit de ven-
..geance ou par avidité, aura pillé, blessé ou
tué un individu quelconque appartenant aux
armées alliées contre la France.

(5) Sera puni de mort quiconque aura détruit des
routes, ponts, canaux, télégraphes ou chemins
de fer. La même peine sera appliquée à ceux
qui auront incendié des édifices, arsenaux ou
magasins militaires.

(6) Sera puni de mort, tout particulier qui aura porté
les armes contre les troupes de S. M. le Roi
de Prusse et de ses augustes Alliés.

(7) La présente proclamation entrera en vigueur
dans toute l'étendue du district occupé par le
8ᵉ corps d'armée, dès qu'elle aura été affichée
dans une localité quelconque de ce district.

Le général, commandant le 8ᵉ corps d'armée.

Von Goeben.

Proclamation.

MM. les habitants de la ville de Rouen sont avertis
que, par ordre du 9 décembre 1870, Son Exc. le baron
de Manteuffel, commandant en chef de la première
armée prussienne, m'a nommé commandant la place
de Rouen. De la date d'aujourd'hui, je prends en main

les affaires de commandant, gérées, jusqu'alors, par M. le Major Sachs.

Rouen, le 10 décembre 1870.

Jungé,

Colonel d'artillerie,
Commandant la place de Rouen.

———

Notification.

Le préfet de police de la ville de Rouen et du département de la Seine-Inférieure,

Considérant qu'il importe, dans l'intérêt de la sécurité publique, de mettre un terme au vol et au pillage que commettent dans les bois, forêts et champs des environs de Rouen, un certain nombre de maraudeurs du pays ;

Considérant les plaintes nombreuses et fondées qui lui sont parvenues à ce sujet,

Arrête :

Art. 1er. — A partir d'aujourd'hui, et pour assurer la protection des propriétés, il sera fait chaque jour des patrouilles militaires dans les communes avoisinant la ville de Rouen.

Art. 2. — Les individus pris en flagrant délit de vol de bois ou de cultures maraîchères, seront immédiate-

ment conduits devant le commandant de place, à Rouen,
et punis d'après les lois de la guerre.

Rouen, le 20 décembre 1870.

Le préfet de police,
DE HEYDEBRAND ET DE LASA.

Quartier général d'Amiens.

Ce 26 décembre 1870,

J'informe les autorités et les habitants du département de la Seine-Inférieure, ainsi que tous ceux que
cela concerne, de ce qui suit :

La continuation des opérations militaires ayant
rendu nécessaire le retour de

Monsieur CRAMER,

chargé jusqu'à ce jour de l'administration de la préfecture de la Seine-Inférieure, à son poste dans l'armée,
je viens d'appeler aux fonctions de Préfet dudit département

Monsieur le baron de PFUEL,

qui va les remplir à partir du 29 de ce mois.

Le général en chef de la première armée,
Le baron E. DE MANTEUFFEL,
*Général aide-de-camp de Sa Majesté
le Roi de Prusse.*

ARMES ET MUNITIONS.

Notification.

Le Préfet de police de la ville de Rouen et du département de la Seine-Inférieure, informé qu'il existe encore un grand nombre d'armes et de munitions de toutes sortes entre les mains de certains habitants des communes de l'arrondissement de Rouen, enjoint aux détenteurs de tous objets de cette nature d'en faire le dépôt à la mairie de leur commune, avant le mardi 3 janvier prochain, à midi.

Les armes et munitions devront, après leur dépôt, être transportées à la mairie de Rouen, par les soins du maire de chaque commune.

Les individus qui ne se seront pas conformés à la présente injonction, dans le délai prescrit seront, après perquisitions à domicile, traduits devant une cour martiale, et punis d'après les lois de la guerre.

Rouen, le 31 décembre 1870.

Le préfet de police,
DE HEYDEBRAND ET DE LASA.

—————

M. le Préfet prévient le public qu'il recevra tous les jours, les dimanches exceptés, de dix heures à midi.

Les personnes qui désirent une audience particulière sont priées de lui en faire la demande par écrit et d'en indiquer l'objet.

Avis au Public.

Le préfet de police de la ville de Rouen et du département de la Seine-Inférieure,

Considérant que, dans ces derniers jours, la circulation a été entravée par de nombreux rassemblements sur plusieurs points de la voie publique, et principalement sur les quais et les ponts;

Considérant que, pour assurer la liberté des mouvements militaires qui peuvent se produire dans la ville de Rouen, il importe de mettre un terme à ces rassemblements,

Arrête :

Art. 1er. — Il est interdit de se réunir par groupes et de stationner sur la voie publique dans l'intérieur de la ville de Rouen.

Art. 2. — Lorsque les besoins du service militaire l'exigeront, un signal à son de tambour ou de clairon préviendra les habitants qu'ils doivent rentrer dans leurs maisons.

Art. 3. — Tout individu qui n'aura pas obtempéré à l'injonction du signal donné par l'autorité militaire, sera exposé à toutes les mesures de rigueur qui pourraient être prises par les troupes afin d'assurer une pleine liberté aux mouvements militaires.

Rouen, le 7 janvier 1871.

Le Préfet de police,
L. DE HEYDEBRAND ET DE LASA.

CHEMINS DE FER ET LIGNES TÉLÉGRAPHIQUES.

Notification.

Le préfet de la Seine-Inférieure,

Considérant qu'il importe de mettre un terme aux dégradations commises sur les voies ferrées et sur les lignes télégraphiques, soit par les troupes, soit par les habitants des communes traversées par les chemins de fer et les fils télégraphiques ;

Arrête :

Art. 1er. — Il est formellement interdit à tout individu, militaire ou civil, de détruire ou de dégrader tout ou partie des voies ferrées et des lignes télégraphiques situées sur le territoire du département de la Seine-Inférieure.

Art. 2. — Les auteurs de ces destructions ou dégradations seront traduits devant une cour martiale et punis d'après les lois de la guerre.

Art. 3. — MM. les Maires sont chargés, chacun dans leur commune respective, de prendre les dispositions nécessaires pour assurer l'exécution du présent arrêté.

Dans le cas où, par défaut de surveillance, MM. les Maires ne livreraient pas à la justice les individus qui auraient contrevenu aux dispositions qui précèdent, ils seraient personnellement responsables des dégâts com-

mis et les communes frappées d'une contribution de
guerre fixée ainsi qu'il suit :

S'il s'agit d'un télégraphe,

A 2,000 francs la première fois,

Et à 5,000 francs en cas de réitération.

S'il s'agit d'un chemin de fer,

A 5,000 francs la première fois,

Et à 15,000 francs en cas de réitération.

Dans les cas graves, le préfet se réserve d'augmenter
le chiffre de cette contribution.

Rouen, le 8 janvier 1871.

Le Préfet,
Baron de PFUEL.

Proclamation.

Sa Majesté le Roi de Prusse, général en chef des armées allemandes, du consentement de Sa Majesté le Roi
de Saxe, mon auguste maître, a daigné me nommer
gouverneur-général du département de Seine-et-Oise,
ainsi que des départements du nord de la France occupés récemment par les troupes alliées et ne faisant pas
partie du gouvernement général de Reims, savoir :
les départements de la Somme, de l'Oise, de la Seine-
Inférieure, de l'Eure-et-Loir et du Loiret.

En portant cette nomination royale à la connaissance
des départements sus-nommés, je suis en droit d'at-

tendre de la part de leurs populations, ce qui est d'ailleurs dans leur propre intérêt, une conduite calme et prévenante. J'ai aussi le ferme espoir que chacun s'abstiendra, soit directement, soit indirectement, de tout acte hostile ou contraire aux intérêts des armées allemandes.

J'ordonne principalement aux autorités gouvernementales et municipales de suivre strictement les ordres que le gouvernement général leur fera parvenir par ses organes, et les invite à me prêter leur concours pour subvenir, sans trop de difficultés, aux exigences de la situation actuelle.

Résolu de maintenir et de protéger, autant que possible, chacun dans sa propriété, de répartir équitablement les charges, et de veiller à la sécurité publique, j'espère que je ne serai pas contraint d'user des sévérités des droits de la guerre.

Versailles, ce 6 janvier 1871.

Le Gouverneur général, en résidence à Versailles,
Lieutenant-général De Fabrice,
Ministre d'Etat.

———

Par ordre de sa Majesté le Roi de Prusse, M. le conseiller privé de Nostiz Wallwitz est nommé commissaire de l'administration civile du gouvernement général, et M. le conseiller Winter, préfet du gouvernement d'Eure-et-Loir.

Versailles, le 16 janvier 1871.

Le Gouverneur général,
De Fabrice.

Le Gouverneur général porte à la connaissance des autorités et des habitants des six départements composant le gouvernement général du Nord de la France, les décrets et ordonnances qui suivent :

DÉCRET ROYAL

Ordonnant l'abolition de la conscription.

Nous, Guillaume, Roi de Prusse, avons arrêté et arrêtons ce qui suit :

Art. 1er. — La conscription est abolie dans l'étendue du territoire français occupé par les troupes allemandes.

Art. 2. — Les agents des autorités civiles qui contreviendraient à la disposition contenue dans l'article précédent, soit en opérant ou en facilitant le tirage des conscrits, soit en les engageant à s'y soumettre ou en leur délivrant des ordres de départ, ou par tout autre moyen, quel qu'il soit, seront destitués de leurs fonctions et détenus en Allemagne jusqu'à ce qu'il soit statué ultérieurement sur leur mise en liberté.

Art. 3. — Les généraux commandant les différents corps des armées allemandes sont chargés de veiller à l'exécution du présent décret, qui acquerra force de loi pour chaque département occupé par les troupes allemandes, aussitôt qu'il sera affiché dans une des localités qui en font partie.

Donné à notre quartier-général de Saint-Avold, le 13 août 1870.

GUILLAUME.

ORDONNANCE

Concernant la Conscription.

Nous, Gouverneur général des départements du Nord de la France, avons ordonné et ordonnons ce qui suit :

1° Les Maires dresseront immédiatement la liste des personnes appartenant à leurs communes, et qui, y étant présentes, sont, d'après les lois françaises, sujettes à la conscription, tant pour l'armée que pour la garde nationale mobile ;

2° Les Maires dresseront en même temps une liste des hommes de la commune qui n'ont pas dépassé leur quarante-sixième année, qu'ils aient été ou non sujets à la conscription ;

3° Les Maires présenteront une copie de ces listes d'aujourd'hui en huit jours à MM. les Préfets, Sous-Préfets ou aux fonctionnaires suppléants (militaires ou civils) ;

4° En cas de départ clandestin ou d'absence non motivée d'un individu porté sur les listes ci-dessus mentionnées, les parents et tuteurs ou les familles seront frappés d'une amende de 50 fr. pour chaque individu absent et pour chaque jour d'absence;

5° Nos autorités civiles et militaires seront chargées de faire des perquisitions domiciliaires chez les individus inscrits sur les listes, afin de s'assurer de la stricte exécution des ordres ci-dessus publiés.

Versailles, le 16 janvier 1871.

Le Gouverneur général,
De Fabrice.

—

ORDONNANCE

Concernant la responsabilité des communes en cas d'attaque contre des soldats allemands ou des transports.

Toutes les fois que des individus, ne faisant pas partie de l'armée française, causeront des dégâts sur les routes, les chemins de fer, aux télégraphes et dans les rues, ou bien attaqueront des troupes, des détachements ou des convois, ces malfaiteurs passeront par un conseil de guerre, et les communes, dans le district desquelles les dégâts auront été commis, en seront responsables.

Si une commune est condamnée à des dommages et intérêts, l'amende sera proportionnée au nombre des habitants, à leurs moyens et à la gravité du crime.

Chaque dégât commis sur un chemin de fer entraînera une amende de 2,000 fr., et chaque dégât commis sur un télégraphe une amende de 300 fr. au moins.

D'ordinaire, c'est le commandant général qui fixe la peine portée par la loi ; mais en cas d'urgence, chaque commandant a le droit d'en connaître et de mettre la sentence à exécution.

Versailles, le 16 janvier 1871.

Le Gouverneur général,
DE FABRICE.

———

Avis.

Le chef de l'Etat major général au Quartier-Général de Sa Majesté le Roi a fait publier l'avis suivant :

« Dans le cas où des dégradations préméditées auraient endommagé les lignes de chemins de fer et occasionné quelques accidents aux voyageurs, Messieurs les gouverneurs généraux et les inspecteurs généraux d'étape chargeront les autorités subalternes de dresser procès-verbal et de faire un rapport de concert avec les employés de chemins de fer. Elles feront obtenir une indemnité conforme à celles qui sont payées en temps de paix et dans des circonstances analogues, soit aux individus blessés, soit à leurs familles. Cette indemnité sera levée dans les districts où l'accident s'est produit, et en dehors de l'amende ultérieure. »

Versailles, le 16 janvier 1871.

Le Gouverneur général,
DE FABRICE.

Ordonnance concernant les prisonniers de guerre et la défense de porter des armes.

Par ordre du Roi, commandant en chef les armées allemandes, tout prisonnier de guerre, pour être traité comme tel, doit justifier de sa qualité de soldat français, en établissant que, par un ordre émanant de l'autorité légale et adressé à sa personne, il a été appelé sous les drapeaux et porté sur les rôles d'un corps militairement organisé par le gouvernement français ; en même temps, sa qualité de soldat faisant partie de l'armée active doit être indiquée par des insignes militaires et uniformes inséparables de sa tenue, et reconnaissables à l'œil nu et à portée de fusil.

Les individus qui auront pris les armes en dehors d'une des conditions ci-dessus indiquées, ne seront pas considérés comme prisonniers de guerre. Ceux-ci, ainsi que tout individu portant une arme, seront jugés par un conseil de guerre, et, s'ils ne se sont pas rendus coupables d'une action qui entraîne une punition plus sévère, condamnés à dix années de travaux forcés en Allemagne.

Versailles, le 16 janvier 1871.

Le Gouverneur général,
DE FABRICE.

Circulaire.

Sa Majesté le Roi de Prusse, commandant en chef des armées allemandes, ayant daigné me nommer commissaire civil auprès du gouvernement général du nord de la France, je viens de prendre possession de mon poste.

Appelé à diriger l'administration civile des départements de Seine-et-Oise, de l'Oise, de la Somme, de la Seine-Inférieure, d'Eure-et-Loir et du Loiret, en tant qu'ils sont et seront occupés par les troupes allemandes, je prendrai à tâche de rétablir l'ordre troublé par les événements des derniers mois, et de répartir d'une manière équitable les charges imposées aux habitants pour l'entretien des troupes et le rétablissement du matériel de guerre.

J'espère que les autorités communales, dans l'intérêt de leurs communes, me seconderont dans mes efforts en se soumettant de bonne volonté aux mesures que prendra le gouvernement général pour arriver au but proposé.

J'ai le ferme espoir que mes ordres seront respectés et dûment exécutés, autant de la part des autorités que des habitants des contrées dont l'administration m'est confiée, et que, pour sauvegarder mon autorité, je ne me verrai point forcé de recourir à des moyens que je n'emploierais qu'à regret,

Versailles, le 16 janvier 1871.

Le commissaire civil,

de Nostilz Wallwitz,
*Conseiller intime des finances de
Sa Majesté le roi de Saxe.*

———

Sa Majesté le Roi de Prusse a adressé à Son Excellence M. le général de Roon, ministre de la guerre, à l'occasion du cinquantième anniversaire de son entrée au service de l'Etat, la lettre suivante :

« Vous finissez aujourd'hui une période de cinquante années de service sur laquelle il vous est permis de jeter un regard fier et joyeux. Les efforts sincères de votre jeunesse, l'accomplissement le plus sévère de votre devoir pendant tout le temps de votre service et vos intentions loyales et honorables vous ont fait atteindre un but auquel il est donné à peu d'hommes d'arriver : les plus hautes dignités de l'armée et la conscience d'avoir rendu les services les plus signalés à votre Roi et à votre patrie. Animé de pareils sentiments, vous célébrez aujourd'hui un bel anniversaire. Je vous en exprime mes félicitations cordiales et vous remercie chaudement et sincèrement de ce que vous soyez resté à mes côtés toujours fidèle et ferme pendant des années et souvent dans des temps orageux. Je désire que mon portrait que je vous ai destiné à l'occasion de cette journée vous rappelle toujours que votre roi gardera dans tous les temps un souvenir reconnaissant de vos services !

Puisse celui qui dirige toutes nos destinées donner sa bénédiction à mes souhaits cordiaux et faire que, moi et mon armée, nous puissions jouir longtemps encore de vos services !

« Quartier-général de Versailles, le 9 janvier 1871.

« Votre reconnaissant Roi,

Signé : GUILLAUME.

Au ministre de la guerre et de la marine, général de l'infanterie, de Roon.

———

Avis.

Les correspondances originaires des territoires français occupés, à destination de la Belgique, payeront désormais les taxes suivantes :

A. *Lettres ordinaires :*
25 centimes pour chaque 15 grammes :

B. *Lettres chargées :*

a. *Port :*
25 centimes pour chaque 15 grammes :

b. *Droit de chargement :*

25 centimes par lettre.

Imprimés :

6 centimes pour chaque 40 grammes.

D. *Echantillons de marchandises :*

6 centimes pour chaque 40 grammes.

> *L'administrateur des postes dans les*
> *territoires français occupés,*
>
> ROSSHIRT.

Publication.

Le 18 janvier 1871 au soir, à Rouen, le cafetier Paul Lebourg, de Romilly, a blessé par vengeance un soldat prussien à l'aide d'un poignard. En vertu du décret royal du 21 juillet 1867, cet homme a été condamné à mort par un conseil de guerre, et, après confirmation du jugement, la peine a aussitôt reçu son exécution.

Saint-Jean, le 21 janvier 1871.

> Le tribunal militaire royal de la 2° division d'infanterie.

Avis.

Vu l'ordonnance de M. le Gouverneur général du nord de la France, en date du 16 janvier 1871, qui déclare les communes responsables des dégâts causés aux chemins de fer et aux télégraphes dans les limites de leur territoire, il est dans l'intérêt des communes d'organiser elles-mêmes un service de surveillance qui s'occuperait, nuit et jour, à protéger lesdites voies de communication contre toute attaque, et, le cas échéant, à arrêter les coupables. Il sera utile de surveiller surtout les fonctionnaires et autres personnes qui sont ou ont été attachés au service des compagnies de chemin de fer. Les Préfets étant autorisés d'augmenter les amendes selon la gravité des cas, ou en cas de réitération, les communes feront bien de prévenir, par les mesures indiquées, aux conséquences fâcheuses que pourrait entraîner pour elles le crime de quelques malfaiteurs.

Versailles, le 18 janvier 1871.

Le commissaire civil,

DE NOSTITZ WALLWITZ.

Notification.

Un certain nombre de journaux français se rendant coupables des insultes les plus grossières envers la personne de S. M. le Roi de Prusse, je me vois obligé d'en interdire la vente d'une manière absolue dans la ville de Rouen et dans le département, et préviens le public qu'à partir d'aujourd'hui, les mesures les plus sévères seront prises non-seulement à l'égard des colporteurs, mais encore à l'égard des personnes qui se procureraient des journaux de toute autre manière que par la poste prussienne.

Rouen, le 27 janvier 1871.

Le Préfet,

Baron DE PFUEL.

———

Les journaux officiels de l'Alsace et de la Lorraine publient le document suivant :

Nous, GUILLAUME, roi de Prusse,

Ordonnons ce qui suit aux gouvernements généraux de l'Alsace et de la Lorraine :

Art. 1er. — Quiconque prendra du service dans les armées françaises aura ses biens présents et à venir confisqués, et sera banni pendant dix ans.

Art. 2. — La condamnation sera prononcée sur l'ordre de notre gouvernement général. Trois jours après sa publication faite par l'insertion dans la partie officielle du journal du gouvernement général, elle aura toute l'efficacité d'un jugement ayant force de loi, et elle devra être exécutée par les autorités civiles et militaires.

Art. 3. — Tout paiement et toute cession de biens faits en faveur du condamné après sa condamnation, seront considérés comme nuls et non avenus.

Art. 4. — Toutes transactions entre vifs, toutes dispositions testamentaires faites par le condamné après la publication du présent décret, concernant tout ou partie de ses biens, sont déclarées nulles et non avenues.

Art. 5. Quiconque voudra s'éloigner de son domicile devra en demander une permission écrite au préfet, et indiquer les motifs de son départ.

Celui qui s'éloignera de son domicile sans avoir obtenu ladite permission, et pour plus de huit jours, sera considéré comme ayant pris du service dans l'armée française. Ce soupçon, légalement motivé par l'absence, suffira pour prononcer la condamnation.

Art. 6. — Les préfets devront veiller à ce que des listes de présence contenant le nom de tous les individus du sexe masculin, soient régulièrement tenues et contrôlées.

Art. 7. — Les sommes provenant des confiscations ensuite de condamnations seront versées à la caisse du gouvernement général.

Art. 8. — Le retour d'un exilé entraînera pour celui-ci la peine prévue par l'art. 33 du Code pénal.

Art. 9. — Le présent décret aura force de loi à partir du jour de sa publication.

Donné à notre quartier-général de Versailles, le 15 décembre 1870.

Signé : GUILLAUME.

Contre-signé : DE BISMARCK, DE ROON.

Notification.

Après m'être entendu avec le général commandant le 13ᵉ corps d'armée, il a été décidé que l'entretien des troupes aurait lieu désormais par voie d'achat et contre paiement comptant et qu'il ne serait plus fait de réquisitions pour cet objet, excepté pour le foin et la paille.

Par suite, j'engage les habitants des campagnes du département et des communes voisines des autres départements à amener leurs produits au marché de Rouen, en les prévenant qu'une entière sécurité leur est assurée pour leurs personnes, leurs voitures, leurs chevaux et leurs marchandises.

Rouen, le 28 janvier 1871.

Le préfet,
Baron DE PFUEL.

Notification.

Le public est prévenu qu'à partir d'aujourd'hui, la navigation sur la Seine est entièrement libre en amont de Rouen.

Rouen, le 30 janvier 1871.

Le préfet,
Baron DE PFUEL.

Notification.

Il s'est de nouveau présenté des difficultés dans les échanges de monnaies allemandes et françaises. Pour éviter toute espèce de désagréments, je rappelle la notification qui a été publiée à la date du 14 décembre 1870 et qui est reproduite ci-après :

Notification.

Par ordre du roi de Prusse, les habitants de Rouen et du département de la Seine-Inférieure sont tenus de recevoir en paiement la monnaie prussienne, soit métallique, soit en papier.

Table des Monnaies :

1 thaler égale.	3 fr.	75 c.
1 silbergroschen égale . .	0	12 c. 1/2.
8 silbergroschen égalent. .	1	00.

Rouen, le 30 janvier 1871.

Le Préfet,

Baron DE PFUEL.

———

ARMISTICE.

Convention.

Entre M. le Comte de Bismark, Chancelier de la Confédération germanique, stipulant au nom de Sa

Majesté l'Empereur d'Allemagne, Roi de Prusse, et
M. Jules Favre, Ministre des affaires étrangères du
Gouvernement de la Défense nationale, munis de pouvoirs réguliers, ont été arrêtées les conventions suivantes :

Article 1er.

Un armistice général sur toute la ligne des opérations militaires en cours d'exécution entre les armées
allemandes et les armées françaises commencera pour
Paris aujourd'hui même, pour les départements dans
un délai de trois jours.

La durée de l'armistice sera de vingt-et-un jours à
dater d'aujourd'hui, de manière que, sauf le cas où
elle serait renouvelée, l'armistice se terminera partout
le 19 février, à midi. Les armées belligérantes conserveront leurs positions respectives qui seront séparées
par une ligne de démarcation. Cette ligne partira de
Pont-l'Evêque sur les côtes du département du Calvados, se dirigera sur Lignières dans le nord-est du
département de la Mayenne en passant entre Briouze
et Formentel, en touchant au département de la Mayenne
à Lignières.

Elle suivra la limite qui sépare ce département de
celui de l'Orne et de la Sarthe jusqu'au nord de Mor-
rannes et sera continuée de manière à laisser à l'occupation allemande les départements de la Sarthe, de
l'Indre-et-Loire, de Loir-et-Cher, du Loiret, de l'Yonne
jusqu'au point où, à l'est de Quarré-les-Tombes, se tou-

chent les départements de la Côte-d'Or, de la Nièvre et de l'Yonne. A partir de ce point, le tracé de la ligne sera réservé à une entente qui aura lieu aussitôt que les parties contractantes seront renseignées sur la situation actuelle des opérations militaires en exécution dans les départements de la Côte-d'Or, du Doubs et du Jura.

Dans tous les cas, elle traversera le territoire composé de ces trois départements, en laissant à l'occupation allemande les départements situés au nord, à l'armée française ceux situés au midi de ce territoire. Les départements du Nord et du Pas-de-Calais, les forteresses de Givet et de Langres, avec le terrain qui les entoure à une distance de dix kilomètres, et la péninsule du Havre jusqu'à une ligne à tirer d'Etretat, dans la direction de Saint-Romain, resteront en dehors de l'occupation allemande. Les deux armées belligérantes et leurs avant-postes de part et d'autre se tiendront à une distance de dix kilomètres au moins des lignes tracées pour séparer leurs positions. Chacune des deux armées se réserve le droit de maintenir son autorité dans le territoire qu'elle occupe et d'employer les moyens que ses commandants jugeront nécessaires pour arriver à ce but.

L'armistice s'applique également aux forces navales des deux pays, en adoptant le méridien de Dunkerque comme ligne de démarcation, à l'ouest de laquelle se tiendra la flotte française, et à l'est de laquelle se retireront, aussitôt qu'ils pourront être avertis, les bàtiments de guerre allemands qui se trouvent dans les eaux occidentales. Les captures qui seraient faites après la conclusion et avant la notification de l'armistice seront restituées, de même que les prisonniers qui pourraient être faits de part et d'autre, dans des engagements qui auraient lieu dans l'intervalle indiqué. Les opérations militaires sur le terrain du département du Doubs, du Jura et de la Côte-d'Or, ainsi que le siége de Belfort, se continueront indépendamment de l'armistice, jusqu'au moment où on se sera mis d'accord sur la ligne de démarcation, dont le tracé, à travers les trois départements mentionnés, a été réservé à une entente ultérieure.

Art. 2.

L'armistice ainsi convenu a pour but de permettre au Gouvernement de la Défense nationale de convoquer une Assemblée librement élue qui se prononcera sur la question de savoir si la guerre doit être continuée ou à quelles conditions la paix doit être faite.

L'Assemblée se réunira dans la ville de Bordeaux. Toutes facilités seront données par le commandant des armées allemandes pour l'élection et la réunion des Députés qui la composeront.

Art. 3.

Il sera fait immédiatement remise à l'armée allemande par l'autorité militaire française de tous les forts formant le périmètre de la défense extérieure de

Paris, ainsi que de leur matériel de guerre. Les communes et les maisons situées en dehors de ce périmètre ou entre les forts pourront être occupées par les troupes allemandes jusqu'à une ligne à tracer par ses commissaires militaires. Le terrain restant entre cette ligne et l'enceinte fortifiée de la ville de Paris sera interdit aux forces armées des deux parties. La manière de rendre les forts et le tracé de la ligne mentionnée formeront l'objet d'un protocole à annexer à la présente convention.

Art. 4.

Pendant la durée de l'armistice, l'armée allemande n'entrera pas dans la ville de Paris.

Art. 5.

L'enceinte sera désarmée de ses canons, dont les affûts seront transportés dans les forts à désigner par un commissaire de l'armée allemande.

Art. 6.

Les garnisons (armée de ligne, garde mobile et marins) des forts et de Paris seront prisonnières de guerre, sauf une division de 12,000 hommes que l'autorité militaire dans Paris conservera pour le service intérieur. Les troupes prisonnières de guerre déposeront leurs armes qui seront réunies dans les lieux désignés et livrées suivant l'usage ; les troupes resteront dans l'intérieur de la ville dont elles ne pourront pas franchir l'enceinte pendant l'armistice. Les autorités françaises s'engagent à veiller à ce que tout individu appartenant à l'armée et à la garde mobile reste consigné dans l'intérieur de la ville.

Les officiers des troupes prisonnières seront désignés par une liste à remettre aux autorités allemandes. A l'expiration de l'armistice, tous les militaires appartenant à l'armée consignée dans Paris, auront à se constituer prisonniers de guerre de l'armée allemande si la paix n'est pas conclue jusque-là.

Les officiers prisonniers conserveront leurs armes.

Art. 7.

La garde nationale conservera ses armes ; elle sera chargée de la garde de Paris et du maintien de l'ordre. Il en sera de même de la gendarmerie et des troupes assimilées, employées à un service municipal, telles que garde républicaine, douaniers et pompiers ; la totalité de cette catégorie n'excédera pas 3,500 hommes.

Tous les corps de francs-tireurs seront dissous par une ordonnance du Gouvernement français.

Art. 8.

Aussitôt après la signature des présentes et avant la prise de possession des forts, le commandant en chef des armées allemandes donnera toutes facilités aux commissaires que le gouvernement français enverra tant dans les départements qu'à l'étranger, pour préparer le ravitaillement et faire approcher de la ville les marchandises qui y sont destinées.

Art. 9.

Après la remise des forts et après le désarmement de l'enceinte et de la garnison stipulés dans les articles 5 et 6, le ravitaillement de Paris s'opérera librement par la circulation par les voies ferrées et fluviales.

Les provisions destinées à ce ravitaillement ne pourront être puisées dans les terrains occupés par les troupes allemandes, et le gouvernement français s'engage à en faire l'acquisition en dehors de la ligne de démarcation qui entoure les positions des armées allemandes, à moins d'autorisation contraire donnée par le commandant de ces dernières.

Art. 10.

Toute personne qui voudra quitter la ville de Paris devra être munie de permis réguliers délivrés par l'autorité militaire française et soumis au *visa* des avant-postes allemands. Ces permis et visas seront accordés de droit aux candidats à la députation en province et aux députés à l'Assemblée.

La circulation des personnes qui auront obtenu l'autorisation indiquée ne sera admise qu'entre 6 heures du matin et 6 heures du soir.

Art. 11.

La ville de Paris paiera une contribution municipale

de guerre de la somme de 200 millions de francs. Le paiement devra être effectué avant le quinzième jour de l'armistice. Le mode de paiement sera déterminé par une commission mixte allemande et française.

Art. 12.

Pendant la durée de l'armistice, il ne sera rien distrait, les valeurs publiques pouvant servir de gage au recouvrement de contributions de guerre.

Art. 13.

L'importation dans Paris d'armes, de munitions et de matières servant à leur fabrication sera interdite pendant la durée de l'armistice.

Art. 14.

Il sera procédé immédiatement à l'échange de tous les prisonniers de guerre qui ont été faits par l'armée française depuis le commencement de la guerre. Dans ce but, les autorités françaises remettront, dans le plus bref délai, les listes nominatives des prisonniers de guerre allemands aux autorités militaires allemandes, à Amiens, au Mans, à Orléans et à Vesoul. La mise en liberté des prisonniers de guerre allemands s'effectuera sur les points les plus rapprochés de la frontière.

Les autorités allemandes remettront en échange sur le même point et dans le plus bref délai possible un nombre pareil de prisonniers de guerre français de

grades correspondants aux autorités militaires françaises.

L'échange s'étendra aux prisonniers de condition
bourgeoise, tels que les capitaines des navires de la
marine marchande allemande et les prisonniers français civils qui ont été internés en Allemagne.

Art. 15.

Un service postal pour des lettres non cachetées sera
organisé entre Paris et les départements par l'intermédiaire du quartier général de Versailles.

En foi de quoi les soussignés ont revêtu les présentes conventions de leurs signatures et de leurs
sceaux.

Fait à Versailles, le 28 janvier 1871.

VON BISMARCK, FAVRE.

Pour copie conforme :

Le Préfet,
BARON DE PFUEL.

Rouen, le 30 janvier 1871.

Avis.

D'après une dépêche qu'il vient de recevoir du gouvernement général de Versailles, M. le préfet prévient
le public que les autorités françaises n'autorisent pas
l'entrée des habitants de la province à Paris.

SERVICE DES POSTES.

Notification.

Le Préfet de la Seine-Inférieure, voulant assurer le service postal sur tous les points du territoire du département occupés par l'armée prussienne,

Arrête:

Art. 1er. — Le service des postes sera rétabli à partir du 3 février courant dans toutes les communes des arrondissements de Rouen, de Dieppe, de Neufchâtel et d'Yvetot ainsi que dans les communes des cantons de Fécamp, de Bolbec et de Lillebonne (arrondissement du Havre).

Art. 2. — Des bureaux spéciaux seront établis dans chaque chef-lieu d'arrondissement et de canton.

Art. 3. — MM. les Maires des communes comprises dans les arrondissements et cantons occupés par l'armée prussienne sont tenus, sous peine d'amende, de l'organisation du service postal dans leurs communes respectives.

Ils nommeront, à cet effet, un facteur qui devra se rendre trois fois par semaine de la commune au chef-lieu de canton *et vice versâ*.

Chaque chef-lieu de canton aura des facteurs chargés du transport des dépêches au chef-lieu d'arrondissement, où il sera établi un bureau spécial, à l'exception des cantons de Fécamp, de Bolbec et de Lillebonne, dont les dépêches seront portées au bureau d'Yvetot.

Enfin, les bureaux spéciaux de Dieppe, de Neufchâtel et d'Yvetot transmettront également trois fois par semaine, soit par voitures, soit par chemins de fer, au bureau central à Rouen, hôtel de la Préfecture, toutes les dépêches qu'ils auront reçues des divers points de leur circonscription [1].

Art. 4.—A la notification du présent arrêté, MM. les Maires devront en accuser réception et en assurer d'urgence la ponctuelle exécution [2].

Fait à Rouen, le 1er février 1871.

Le Préfet,
Baron DE PFUEL.

MONITEUR OFFICIEL. — ABONNEMENT.

Notification.

Messieurs les Maires de toutes les communes comprises dans la partie du département de la Seine-Inférieure, actuellement occupée par l'armée prussienne,

---

[1] Les lettres destinées aux habitants de Rouen seront distribuées par les soins de M. le Maire de cette ville. Un bureau spécial sera établi, à cet effet, à l'Hôtel-de-Ville.

[2] Des timbres-postes seront tenus à la disposition des administrations et du public au bureau central de Rouen (Hôtel de la Préfecture).

devront, à la réception de la présente Notification, et sous peine d'amende, s'abonner, au prix de 2 fr. par mois, au *Moniteur officiel*, qui se publie à Rouen, chez M. Boissel, imprimeur, rue de la Vicomté, nº 55, et qui contient tous les actes administratifs de l'autorité préfectorale.

Rouen, le 1ᵉʳ février 1870.

Le Préfet,
Baron DE PFUEL.

———

Avis.

Le service postal a été repris aujourd'hui à Rouen.

Les dispositions les plus importantes pour le public sont contenues dans l'avis ci-dessous annexé de l'administration des Postes dans les territoires français occupés.

Rouen, le 1ᵉʳ février 1871.

RECETTE DE POSTE (Hôtel de la Préfecture.)

Sa Majesté le roi de Prusse ayant daigné ordonner que le service des postes sera rétabli, sous la direction de l'Administrateur des postes soussigné, dans les territoires français occupés par les armées allemandes, pour les correspondances particulières, les recettes de postes dans lesdites provinces reprendront leurs fonctions selon que leur réorganisation sera avancée. Le terme de la réouverture du service sera porté, dans la circonscription de chaque recette, à la connaissance du public par un avis spécial.

Le service des postes ne peut se charger, sous les circonstances actuelles, que du transport :

1º Des lettres ordinaires et chargées (sans déclaration de valeur);

2º Des journaux et imprimés de toute nature ;

3º Des échantillons de marchandises.

Comme prix de port sont à payer :

A. Pour les lettres circulant dans l'intérieur des territoires français occupés par les armées allemandes :

1º Pour les lettres ordinaires affranchies :

    a. 10 centimes par lettre, ne pesant pas plus de 15 grammes.

    b. 25 centimes par lettre dont le poids dépasse 15 grammes jusqu'au poids de 250 grammes (poids maximum des lettres);

2º Pour les lettres ordinaires non affranchies :

    a. 25 centimes par lettre, ne pesant pas plus de 15 grammes.

    b. 40 centimes par lettre dont le poids dépasse 15 grammes jusqu'au poids de 250 grammes (poids maximum des lettres).

B. Pour les lettres circulant entre les territoires français occupés, d'une part, et la Confédération de l'Allemagne du Nord, de la Bavière, du Wurtemberg, de la Bade, de la Monarchie Austro-Hongroise et du Grand-Duché de Luxembourg, d'autre part,

1°. Pour les lettres ordinaires affranchies :

    a. 15 centimes par lettre, ne pesant pas plus de 15 grammes.

    b. 25 centimes par lettre dont le poids dépasse 15 grammes jusqu'au poids de 250 grammes (poids maximum des lettres);

2° Pour les lettres ordinaires non affranchies :

    a. 25 centimes par lettre ne pesant pas plus de 15 grammes,

    b. 40 centimes par lettre dont le poids dépasse 15 grammes jusqu'au poids de 250 grammes (poids maximum des lettres).

C. La taxe des lettres chargées circulant dans l'intérieur des territoires français occupés ou entre ces territoires et les pays sus-mentionnés sous A et B, et dont l'affranchissement est facultatif, se compose de la taxe d'une lettre ordinaire du même poids et d'un droit fixe de 25 centimes par lettre; si l'envoyeur d'une lettre chargée veut faire joindre à la lettre une formule d'accusé de réception de chargement, il doit payer d'avance un droit fixe ultérieur de 25 centimes.

D. Pour les journaux, les imprimés de toute nature et les échantillons de marchandises, circulant dans l'intérieur des territoires français occupés par les armées allemandes, ainsi que pour les journaux, les imprimés de toute nature et les échantillons de marchandises à échanger entre lesdits territoires, d'une part, et les Etats de la Confédération de l'Allemagne du Nord, la Bavière, le Wurtemberg, la Bade, la Monarchie

Austro-Hongroise et le Grand-Duché de Luxembourg d'autre part :

4 centimes par 40 grammes ou fraction de 40 grammes, jusqu'au poids maximum de 250 grammes.

Le port des journaux, des imprimés de toute nature et des échantillons de marchandises doit être payé d'avance.

Quant au port pour les lettres, les journaux, les imprimés de toute nature, les échantillons de marchandises à échanger entre les territoires français occupés par les armées allemandes et les pays non mentionnés ci-dessus, s'adresser aux recettes de poste.

Le prix du port pour les lettres à destination des autres départements de la France (20 centimes par lettre simple), doit être payé par l'expéditeur.

Pour les lettres originaires de ces départements, le destinataire a à payer un port de 30 centimes par lettre simple.

L'affranchissement des lettres, des journaux, des imprimés et des échantillons de marchandises s'opérera au moyen de timbres-poste, qui sont vendus dans les Recettes de poste de l'Administration des postes dans les territoires occupés. Ces timbres-poste sont de couleurs différentes, et portent comme suscription le mot « *POSTES* » et l'indication de leur valeur.

Les timbres-poste émis par l'ancienne Administration des postes ne sont plus valables pour l'affranchissement des correspondances livrées aux Recettes de l'Administration des postes dans les territoires français occupés.

Tant que le service des facteurs de ville et des facteurs ruraux ne sera pas encore réorganisé, les destinataires se trouvent dans la nécessité de retirer leurs correspondances aux guichets des Recettes.

L'Administrateur des Postes dans les territoires français occupés,

ROSSHIRT.

———

Arrêté.

Le Préfet de la Seine-Inférieure,

Attendu que les Sous-Préfets du département ne se sont pas soumis à son autorité, et qu'il est nécessaire d'assurer l'exercice des divers services publics, ainsi que la prompte et complète exécution des décisions officielles dans toutes les communes du département ;

ARRÊTE :

Art. 1ᵉʳ. — Les Sous-Préfets sont destitués.

Art. 2. — Les Maires des chefs-lieux de canton sont délégués, chacun dans leur circonscription, pour faire exécuter dans toutes les communes du canton les décisions de l'autorité supérieure relativement à l'administration publique et au recouvrement des impôts.

Art. 3. — Le présent arrêté sera publié et affiché par les soins desdits Maires, dans toutes les communes de leur canton et sera exécutoire à partir du jour de sa publication.

Rouen, le 2 février 1871.

Le Préfet,

Baron DE PFUEL.

Notification.

Afin de faciliter les opérations électorales pour la nomination des députés, qui doit avoir lieu le 8 de ce mois, la publication des journaux est autorisée à partir d'aujourd'hui dans le département de la Seine-Inférieure, sous la responsabilité personnelle des rédacteurs en chef et imprimeurs, et à la condition de ne publier aucun article de nature injurieuse contre la personne ou les armées de Sa Majesté l'Empereur d'Allemagne, et de déposer à la préfecture un exemplaire de ces feuilles avant leur distribution.

Rouen, le 4 février 1871.

Pour copie conforme :

Le Préfet,

Baron DE PFUEL.

Notification.

Afin d'éviter les erreurs qui pourraient se produire au sujet de l'affichage des décrets et instructions relatifs aux élections fixées au 8 février courant, le préfet de la Seine-Inférieure prévient messieurs les maires du département qu'ils ne devront faire afficher dans leurs communes respectives que les documents émanant du gouvernement de Paris, et revêtus de la signature des membres de ce gouvernement.

M. Jules Favre a d'ailleurs déclaré nuls et non avenus tous les actes ayant trait aux élections dont il s'agit, portant une date postérieure à celle du 29 janvier et revêtus de la signature des membres de la délégation de Bordeaux.

Par suite, les décrets, arrêtés et instructions contraires aux dispositions qui précèdent, signés ou contre-signés par M. Carnot, devront être immédiatement arrachés sous peine d'une forte amende qui sera supportée par la commune où le fait se sera produit.

Rouen, le 4 février 1871.

Le Préfet,
Baron DE PFUEL.

Notification.

Le préfet de la Seine-Inférieure enjoint aux imprimeurs du département de faire d'urgence, sous peine d'une amende dont il se réserve de fixer l'importance, le dépôt à la préfecture de quatre exemplaire de toutes les publications sortant de leurs presses, et notamment de celles relatives aux élections des députés.

Rouen, le 4 février 1871.

Le préfet,
Baron DE PFUEL.

Avis.

Le public est prévenu que, par suite de l'enlèvement des torpilles, la navigation sur la Seine sera entièrement libre jusqu'au Havre, à partir de demain.

Rouen, le 5 février 1871.

Le préfet,
Baron DE PFUEL.

———

Avis au Public.

Le bureau de poste est transféré dès aujourd'hui de l'hôtel de la préfecture dans la maison du *coin* de la *rue Guillaume-le-Conquérant* et de la *rue Sainte-Croix-des-Pelletiers.*

Le bureau est ouvert le matin de huit heures à douze heures, et l'après-midi de deux heures à sept heures.

———

Annexe à la Convention du 28 janvier 1871.

Art. 1ᵉʳ. — *Lignes de démarcation devant Paris.* — Les lignes de démarcation seront formées : du côté français, par l'enceinte de la ville; du côté allemand :

1° Sur le front sud, la ligne, partant de la Seine à la hauteur de l'extrémité nord de l'île Saint-Germain, longera l'égout d'Issy et continuera entre l'enceinte et les forts d'Issy, de Vanvres, de Montrouge, de Bicêtre, d'Ivry, en se tenant à une distance d'environ 5oo mètres des fronts des forts, jusqu'à la bifurcation des routes de Paris à Port-à-l'Anglais et d'Alfort.

2° Sur le front est, depuis le dernier point indiqué, la ligne traversera le confluent de la Marne et de la Seine, longeant ensuite les lisières de l'ouest et du nord du village de Charenton, pour se diriger directement à la porte de Fontenay, en passant par le rond-point de l'Obélisque.

Puis la ligne se dirigera vers le nord jusqu'à un point à 5oo mètres à l'ouest du fort de Rosny et au sud des forts de Noisy et de Romainville jusqu'à l'endroit où la route de Pantin touche au bord du canal de l'Ourcq.

La garnison du château de Vincennes sera d'une compagnie de 2oo hommes et ne sera pas relevée pendant l'armistice.

3° Sur le front nord, la ligne continuera jusqu'à 5oo mètres au sud-ouest du fort d'Aubervilliers, le long de la lisière sud du village d'Aubervilliers et du canal de Saint-Denis, traversant le dernier à 5oo mètres au sud de la courbe, gardant une distance égale au sud des ponts du canal et se prolongeant en droite ligne jusqu'à la Seine.

4° Sur le front ouest, à partir du point où la ligne indiquée touche à la Seine, elle en longera la rive gauche en amont jusqu'à l'égout d'Issy.

De légères déviations de cette ligne de démarcation

seront permises aux troupes allemandes autant qu'elles seront nécessaires pour établir leurs avant-postes de la manière qu'exige la sûreté de l'armée.

Art. 2. — *Passage de la ligne de démarcation.* — Les personnes qui ont obtenu la permission de franchir les avant-postes allemands ne pourront le faire que par les routes suivantes :

Route de Calais;
    «   de Lille;
    «   de Metz;
    «   de Strasbourg (porte de Fontenay);
    «   de Bâle;
    «   d'Antibes;
    «   de Toulouse;
    «   N° 189,

puis enfin sur les ponts de la Seine, comprenant celui de Sèvres, dont la reconstruction est permise.

Art. 3. — *Reddition des forts et redoutes.* — La reddition s'opérera dans le courant des journées des 29 et 30 janvier 1871, à partir de dix heures du matin; le 29, de la manière suivante :

Les troupes françaises auront à évacuer les forts et le terrain neutre, en laissant dans chacun des forts le commandant de place, le garde du génie, le garde d'artillerie et le portier consigne.

Aussitôt après l'évacuation de chaque fort, un officier d'état-major français se présentera aux avant-postes allemands, afin de donner les renseignements qui pourraient être demandés sur ce fort, ainsi que l'itinéraire à suivre afin de s'y rendre.

Après la prise de possession de chaque fort, et après avoir donné les renseignements qui pourraient leur être demandés, le commandant de place, le garde du génie, le garde d'artillerie et le portier-consigne rejoindront à Paris la garnison du fort.

Art. 4. — *Remise de l'armement et du matériel.* — Les armes, pièces de campagne et le matériel seront remis aux autorités militaires allemandes dans un délai de quinze jours à partir de la signature de la présente convention, et déposés par les soins des autorités françaises à Sévran. Un état d'effectif de l'armement et du matériel sera remis par les autorités françaises aux autorités allemandes avant le 4 février prochain.

Les affûts des pièces qui arment les remparts devront être également enlevés avant cette époque.

Les présentes ont été vues et approuvées et revêtues de nos signatures pour servir d'annexe à la convention d'hier 28 janvier 1871.

Versailles, ce 29 janvier 1871.

Signé : Jules FAVRE. *Signé :* DE BISMARCK.

———

Avis.

Par suite de la Convention du 28 janvier, le territoire faisant partie du département de la Seine, et qui se trouve occupé par les troupes allemandes, en vertu

de l'article 3 de cette Convention, est mis dès aujour-
d'hui sous l'administration de la préfecture du département de Seine-et-Oise.

Versailles, le 4 février 1871.

Le Gouverneur général,
DE FABRICE.

———

Avis.

Le public est prévenu que les lettres pour Paris ne
sont reçues qu'au seul bureau de poste avenue de Paris,
n° 19, à Versailles.

Le prix du port est fixé à 20 centimes par lettre
simple. L'affranchissement est obligatoire.

Il faut que les lettres soient ouvertes (non cachetées).

L'Administrateur des postes dans les territoires
français occupés,

ROSSHIRT.

———

Décret.

Le gouverneur général du nord de la France arrête
au sujet de la presse périodique ce qui suit :

1° Les rédactions de journaux qui paraissent dans
les départements faisant partie du gouvernement général du nord de la France, sont tenues d'insérer textuellement et gratis les ordonnances et communiqués de

l'autorité allemande dans la prochaine édition du journal.

2° L'insertion de nouvelles relatives aux mouvements des troupes allemandes, à l'exception des nouvelles contenues dans le *Moniteur officiel du Gouvernement général du nord de la France* ou communiquées directement par les autorités allemandes, est interdite.

3° Il est défendu de publier des écrits d'une tendance hostile à l'armée allemande ou des critiques contre les mesures des autorités allemandes.

En cas de contravention, la continuation du journal sera prohibée, et le rédacteur, aussi bien que l'éditeur, sera mis à l'amende ou puni d'emprisonnement.

Versailles, le 18 janvier 1871.

Le gouverneur général,

DE FABRICE.

ORDONNANCE

Concernant la Presse périodique.

Nous, commissaire civil auprès du gouvernement général du nord de la France,

Vu le décret du gouverneur général du 18 janvier 1871,

Arrêtons, au sujet de la presse périodique, ce qui suit :

1. Les propriétaires ou éditeurs de tout journal ou écrit périodique paraissant dans les départements de Seine-et-Oise, de l'Oise, de la Somme, de la Seine-Inférieure, d'Eure, d'Eure-et-Loir et du Loiret, sont tenus de déclarer au préfet du département les noms et la demeure des gérants, rédacteurs en chef, propriétaires ou administrateurs du journal ou écrit périodique. Cette déclaration doit être faite dans les trois jours de la publication de la présente.

2. Au moment de la publication de chaque feuille ou livraison du journal ou écrit périodique, il en sera remis à la préfecture deux exemplaires signés d'un propriétaire ou éditeur responsable.

Les éditeurs de journaux qui paraissent ailleurs qu'aux chefs-lieux de département feront parvenir ces exemplaires par la poste.

3. Tout journal sera tenu d'insérer gratis, dans le plus prochain numéro, les publications officielles des autorités allemandes contenues dans le *Moniteur officiel* du gouvernement général du nord de la France, ou dans les Moniteurs officiels paraissant aux chefs-lieux des départements.

4. La contravention aux articles 1, 2, 3 de cet arrêté sera punie d'une amende de 100 fr. à 2,000 fr., ou d'emprisonnement d'un mois à trois mois.

Versailles, le 3 février 1871.

Le Commissaire civil,

DE NOSTIZ-WALLWITZ.

Les dispositions de la présente ordonnance seront exécutoires, à partir de ce jour, dans le département de la Seine-Inférieure.

Rouen, le 9 février 1871.

Le Préfet,

Baron de PFUEL.

Décret.

Défense est faite à tout habitant des départements dont est formé le Gouvernement général du nord de la France, de payer ou de déléguer d'une manière directe ou indirecte au Gouvernement, à l'armée, à des détachements de troupes ou à des administrations autres que les nôtres, des sommes quelconques provenant des recettes publiques, sous quelque prétexte que ce soit.

Les receveurs et percepteurs des contributions, les administrateurs des caisses publiques, toutes personnes autorisées à recevoir des sommes revenant à l'Etat ou à des caisses publiques quelconques, toute autre personne enfin contrevenant à la présente défense, seront mis à l'amende, laquelle pourra monter au double des sommes soustraites, et devront en outre s'attendre à être poursuivis, le cas échéant, selon les lois de la guerre.

La perception des contributions et autres droits d'après les lois françaises étant suspendue par la guerre, le Gouvernement général en réglera le mode de perception d'après les circonstances actuelles, et se réserve de porter à la connaissance du public les mesures prises à ce sujet.

Quant au département de Seine-et-Oise, il n'y aura rien de changé aux dispositions actuellement en vigueur.

Versailles, le 17 janvier 1871.

Le Gouverneur général,

DE FABRICE.

Perception des Contributions directes.

Le Préfet de la Seine-Inférieure,

En vertu d'un ordre du commissaire civil institué auprès du gouvernement général.

Considérant que, par suite de la guerre, la perception des contributions directes et autres, exigible d'après les lois françaises, a été interrompue et que le recouvrement des droits d'enregistrement, du timbre et des contributions indirectes, d'après les mêmes lois, est rendu impossible;

ARRÊTE:

Art. 1er. — Les contributions directes, savoir: la contribution foncière, la contribution personnelle mobilière, la contribution des portes et fenêtres, seront payées à partir du 1er janvier 1871 en principal et centimes additionnels, d'après les états de répartement établis pour le service de l'année 1870, conformément à la loi de finance et aux votes du conseil général et des conseils municipaux.

L'impôt des patentes sera perçu d'après les bases fixées pour l'année 1870, sauf les retranchements augmentations ou modifications résultant de l'état matériel des assujettis.

Art. 2. — Les droits d'enregistrement et de timbre et les contributions indirectes, en tant qu'ils sont perçus au profit de l'Etat, restent suspendus et sont remplacés par un impôt unique dont le montant est fixé à cent pour cent de la somme des contributions directes en principal et centimes additionnels, répartie entre chaque commune selon l'art. 1er.

Art. 3. — Les centimes additionnels pour dépenses communales et tous les revenus ou taxes directs ou indirects perçus au profit des communes, en vertu soit des lois générales, soit des délibérations spéciales des conseils municipaux, resteront exclusivement à la disposition de ces communes.

Art. 4. — Les communes, chacune pour ce qui concerne son contingent, sont responsables de la rentrée des contributions et impôts mentionnés dans les articles 1 et 2.

Art. 5. — Les maires des communes auront à percevoir à la fin de chaque mois un douzième des contributions directes et de l'impôt établi par l'article 2. Ils sont tenus de verser la somme totale en espèces ou en papier monnaie allemande entre les mains des maires des chefs-lieux de leurs cantons respectifs, dans les cinq jours qui suivent l'expiration du mois, de sorte que le produit mensuel puisse être déposé par les maires de canton à la caisse générale, établie près de la préfecture, au plus tard, le 10 de chaque mois.

Art. 6. — Les communes qui n'auront pas effectué ce versement dans les délais prescrits paieront une amende de 5 pour cent de la contribution due, par chaque jour de retard. Si le versement a été retardé au-delà de huit jours, il sera mis des troupes dans les communes retardataires, qui auront l'obligation de les loger et nourrir sans indemnité, et de payer journellement en outre 6 fr. à chaque officier et 2 fr. à chaque soldat, jusqu'à ce que les sommes dues soient acquittées.

Le commandant des troupes sera autorisé à employer vis-à-vis des communes retardataires tous les moyens qu'il jugera convenables pour faire exécuter les ordres du Gouvernement général. Les réclamations à la préfecture en matière d'impôt sont suspendues. Toutefois, les contribuables pourront faire valoir leur situation auprès du maire, qui indiquera au Préfet le montant total des dégrévements qui seraient jugés utiles.

Art. 7. — Le maire de chaque commune recevra, à titre de frais de perception, une remise de deux pour cent. Aux maires des chefs-lieux de canton il est accordé une remise de un pour cent pour frais d'encaissement et de versement à la caisse générale. Les remises seront déduites de la recette, à chaque versement.

Aucune remise ne sera accordée aux maires des communes retardataires.

A Rouen, en l'Hôtel de la Préfecture, le 10 février 1871.

Le Préfet de la Seine-Inférieure,

Baron de Pfuel.

TRAITÉ A VERSAILLES

Le 28 janvier 1871.

Il a été convenu ce qui suit:

Dans le but de concourir à l'alimentation de Paris en tant que cela est compatible avec les intérêts des armées allemandes, il a été accordé au Gouvernement français la coexploitation des lignes de fer situées en deça de la zône de démarcation et dont la désignation suit :

a. Dieppe — Rouen — Amiens — Creil — Gonesse — Paris.

b. Paris — Juvisy — Orléans — Vierzon et enfin :

c. Paris — Melun — Moret — Montargis — Nevers.

Cette exploitation se fera dans les conditions ci-après :

1. Les autorités allemandes se réservent la direction exclusive de l'exploitation, et notamment la fixation des itinéraires des trains.

Chaque train circule aux risques et périls du Gouvernement auquel il appartient.

2 Sur les lignes ci-dessus, les trains faits par le Gouvernement français passeront en transit, c'est-à-dire qu'à moins d'autorisation particulière ils ne pourront prendre ou laisser des voyageurs dans les stations de la zône occupée par les armées allemandes.

Ils ne pourront pas non plus y prendre des marchandises, mais ils pourront y en laisser.

3. Ces trains seront faits par le personnel et le matériel des autorités françaises et par leurs propres moyens.

4. L'autorité allemande se réserve le droit de contrôle du contenu des trains, tant à l'entrée qu'à la sortie que dans toute l'étendue de la zône occupée par les armées allemandes.

5. L'autorité allemande seule a le droit de fixer le nombre des divers trains à remorquer sur les différentes lignes et de disposer à cet effet le nombre des machines-locomotives nécessaires à la traction, à la réserve ou aux relais.—Il est de même du personnel tant de l'exploitation que de la traction, ainsi que de sa répartition.

6. Le gouvernement français devra rappeler au service pour les lignes utilisées, de concert avec les autorités allemandes, tout le personnel des compagnies attaché à ces parties avant l'occupation allemande. Il prendra en charge l'entretien de la voie, des changements, croisements, plaques tournantes, grues hy-

drauliques et autre matériel, et en prendra tel soin qu'un service régulier l'exige. — Il fournira à cet effet tout l'outillage nécessaire et remettra aussi en activité les ateliers de réparation dans lesquels le matériel roulant des autorités allemandes sera réparé au prix de revient.

7. — Le personnel français employé sur les parties occupées aura à se conformer aux instructions des autorités allemandes.

8. — Le gouvernement français s'engage à mettre à la disposition des autorités allemandes, à leur première réquisition, et au plus tard dans un délai de dix jours après la demande, les machines et les wagons à marchandises dont celles-ci pourraient avoir besoin jusqu'à concurrence de deux cents machines et de cinq mille véhicules. Ce matériel sera livré dans les gares mixtes dont il est parlé ci-après les plus rapprochées de leur départ, Luxembourg et Bâle étant considérés comme gares mixtes. Il sera rendu à la compagnie propriétaire dans les mêmes conditions. Il sera payé un prix de location fixé par jour à 50 fr. par machine et 3 fr. par wagon. — Les frais de réparation autres que ceux résultant de l'usure normale seront à la charge des autorités allemandes.

9. — Les autorités allemandes auront le droit de faire circuler leurs trains de marchandises et de matériel entre les gares mixtes les plus rapprochées de Paris en empruntant le chemin de ceinture. — La conduite de ces trains sera confiée aux compagnies françaises, et le

prix en sera payé au gouvernement français par les autorités allemandes à raison de 8 fr. par train et par kilomètre parcouru.

La composition des trains sera déterminée d'après les règles en usage dans le service des compagnies respectives.

10. — Les autorités françaises s'engagent à entreprendre immédiatement et à pousser avec toute l'activité possible la réparation provisoire du pont d'Argenteuil.

11. — Les stations mixtes sont à déterminer près de la ligne de démarcation, et par les commissions d'exploitation allemandes et par les administrations françaises.

12. — Les dépêches télégraphiques relatives au service d'exploitation français sur les lignes ci-dessus désignées, seront transmises et reçues par le personnel allemand.

Approuvé la présente Convention.

Le Ministre des travaux publics,

Signé: DORIAN.

Approuvé la présente Convention.

Le Ministre des affaires étrangères,

Signé : Jules FAVRE.

Versailles, ce 30 janvier 1871.

Signé: V. BISMARCK.

Publication.

Conformément à l'article 15 de la convention d'armistice du 28 janvier 1871, un service postal a été organisé entre Paris et Versailles, par lequel sont expédiés :

1. Des lettres ordinaires, non cachetées, entre Paris et les départements occupés, jusqu'au poids de 100 grammes.

2. Des imprimés de toute nature entre Paris et les départements occupés jusqu'au poids de 240 grammes.

Pour les lettres originaires des départements occupés, les expéditeurs ont à payer un port de 20 centimes jusqu'au poids de 10 grammes; un port de 40 centimes pour les lettres dont le poids dépasse 10 grammes jusqu'au poids de 20 grammes, et un port de 80 centimes pour les lettres dépassant le poids de 20 grammes. La même taxe est à payer par les destinataires des lettres originaires de Paris.

Pour les imprimés originaires ou à destination de Paris, le port à percevoir des destinataires ou des expéditeurs dans les territoires occupés est de 4 centimes par chaque 40 grammes.

L'Administrateur des postes dans les territoires français occupés,

ROSSHIRT.

Il est convenu entre M. le comte de Bismarck et M. Jules Favre qu'on rétablira, pendant la durée de l'armistice, des communications télégraphiques de la manière suivante :

Les télégrammes qui pourront être échangés seront:

1º Les télégrammes officiels, surtout ceux qui ont rapport aux élections et au ravitaillement de Paris;

2º Les avis de service;

3º Les télégrammes d'un caractère urgent approuvés par un ministre.

Dans ce but, il sera établi un service télégraphique entre Paris et Versailles. A partir de Versailles, les télégrammes seront transmis:

Dans les départements occupés par le réseau militaire.

Dans le reste de la France, ils seront dirigés par la voie de Francfort, soit sur la Belgique, soit sur la Suisse, suivant leur destination.

Les télégrammes de la province, pour Paris, suivront la même marche en sens inverse.

Les commandants militaires des stations télégraphiques dans les départements occupés recevront les instructions nécessaires pour que les télégrammes des autorités françaises puissent être envoyés.

Approuvé, Versailles, le 2 février 1871.

Von Bismarck. Jules Favre.

Pour copie conforme,

Le Préfet,
Baron de Pfuel.

Rouen, le 12 février 1871.

Avis.

Pour éviter toute espèce de demandes et réclamations, le public est prévenu que l'arrangement fait avec le 13° corps relativement à l'entretièn des troupes a perdu sa validité avec le départ de ce corps.

L'entretien par les magasins étant rendu impossible par suite de la dislocation des troupes dans toute l'étendue du département, ces dernières sont nourries par les communes comme antérieurement, et par les magasins lorsque cela est nécessaire.

Le Préfet,

Baron de Pfuel.

Rouen, le 18 février 1871.

Avis.

Des recettes de poste ont été établies à Evreux (Eure), Beauvais et Creil (Oise), le Mans (Sarthe), Ecouen (Seine-et-Oise), Ham (Somme), Tours (Indre-et-Loire), Blois, Vendôme (Loir-et-Cher).

La recette de poste à Beaugency (Loiret) a été supprimée.

L'Administrateur des postes.

NOTIFICATION.

Perception des contributions directes.

Conformément à l'arrêté inséré dans le *Moniteur officiel* du 10 de ce mois, le premier douzième des Contributions qu'il mentionne est actuellement exigible, et déjà plusieurs communes en ont acquitté une partie.

Il importe que ce paiement ne souffre aucun retard.

En conséquence, le Préfet de la Seine-Inférieure invite MM. les maires des chefs-lieux du canton et ceux des simples communes à s'entendre, dès ce moment, entre eux pour que le paiement total de la contribution qui s'applique à chaque commune soit fait, dans les conditions susdites, à la Préfecture, au plus tard le 28 février courant.

L'intérêt des communes est d'éviter qu'il ne se présente l'occasion des mesures de rigueur pour cet objet.

Le Préfet,

Baron DE PFUEL.

NOTIFICATION.

Service postal.

Le Préfet de la Seine-Intérieure est informé que, contrairement à ses prescriptions, il existe encore dans le département un certain nombre de communes, et notamment quelques villes, où l'administration des postes françaises a cru devoir s'affranchir du contrôle des maires sous la direction desquels le service postal a été placé par l'autorité prussienne.

Afin de mettre un terme à cette infraction, le Préfet rappelle à MM. les Maires qu'ils doivent veiller scrupuleusement à ce qu'aucun service de poste aux lettres ne se fasse en dehors de leur surveillance. Toutes les lettres transportées devront être *ouvertes* et *affranchies* au moyen de timbres allemands.

Les employés des postes françaises sont prévenus que ceux d'entre eux qui contreviendront aux dispositions de la présente notification seront punis d'une amende de 100 fr. pour chaque lettre expédiée par leur intermédiaire, en dehors du contrôle des administrations municipales.

Rouen, le 18 février 1871.

Le Préfet,

Baron DE PFUEL.

Avis.

Les mariniers et entrepreneurs de transport par eau sont enjoints de se munir, pour la navigation en amont de Rouen, d'un sauf-conduit, tant pour les bateaux que pour leur équipage.

Ces sauf-conduits seront délivrés à l'hôtel de la Préfecture.

Rouen, le 18 février 1871.

Le Commandant de la place de Rouen,
Comte Rœdern.

———

Articles additionnels à la convention d'Armistice du 28 janvier 1871.

Les soussignés, munis des pouvoirs en vertu desquels ils ont conclu la convention du 28 janvier, considérant que par ladite convention il était réservé à une entente ultérieure de faire cesser les opérations militaires dans les départements du Doubs, du Jura et de tracer la ligne de démarcation entre l'occupation allemande et les positions de l'armée française à partir de Quarré-les-Tombes, dans le département de l'Yonne, ont conclu la convention additionnelle suivante :

Art. 1er. — La forteresse de Belfort sera rendue au commandant de l'armée de siége avec le matériel de guerre faisant partie de l'armement de la place.

La garnison de Belfort sortira de la place avec les honneurs de la guerre, en conservant ses armes, ses équipages et le matériel de guerre appartenant à la troupe, ainsi que les archives militaires.

Les commandants de Belfort et de l'armée de siége

se mettront d'accord sur l'exécution des stipulations qui précèdent, ainsi que sur les détails qui n'y sont pas prévus, et sur la direction et sur les étapes dans lesquelles la garnison de Belfort rejoindra l'armée française au-delà de la ligne de démarcation.

Art. 2. — Les prisonniers allemands se trouvant à Belfort seront mis en liberté.

Art. 3. — La ligne de démarcation, arrêtée jusqu'au point où se touchent les trois départements de l'Yonne, de la Nièvre et de la Côte-d'Or, sera continuée le long de la limite méridionale du département de la Côte-d'Or jusqu'au point où le chemin de fer qui, de Nevers, par Autun et Changny, conduit à Châlons-sur-Saône, franchit la limite dudit département. Ce chemin de fer restera en dehors de l'occupation allemande, de manière que la ligne de démarcation, en se tenant à la distance d'un kilomètre de la ligne ferrée, rejoindra la limite méridionale du département de la Côte-d'Or, à l'est de Changny, et suivra la limite qui sépare le département de Saône-et-Loire des départements de la Côte-d'Or et du Jura.

Après avoir traversé la route qui conduit de Louhans à Lons-le-Saulnier, elle quittera la limite du département à la hauteur du village de Melleret, d'où elle se continuera de manière à couper le chemin de fer de Lons-le-Saulnier à Bourg, à une distance de onze kilomètres sud de Lons-le-Saulnier, se dirigeant de là sur le pont de l'Ain, sur la route de Clairvaux, d'où elle suivra la limite nord de l'arrondissement de Saint-Claude jusqu'à la frontière suisse.

Art. 4. — La forteresse de Besançon conservera un rayon de 10 kilomètres à la disposition de sa garnison. La place forte d'Auxonne sera entourée d'un terrain neutre de 3 kilomètres, à l'intérieur duquel la circulation sur les chemins de fer qui de Dijon conduisent à Gray et à Dôle, sera libre pour les trains militaires et d'administration allemande.

Les commandants de troupes de part et d'autre règleront le ravitaillement des deux forteresses et des forts qui, dans les départements du Doubs et du Jura, se trouvent en possession de troupes françaises et la délimitation des rayons de ces forts, qui seront de 3 kilomètres chacun. La circulation sur les routes ou chemins de fer qui traversent ces rayons sera libre.

Art. 5. — Les trois départements du Jura, du Doubs et de la Côte-d'Or seront compris dès à présent dans l'armistice conclu le 28 janvier, en y appliquant, pour la durée de l'armistice et pour les autres conditions la totalité des stipulations consignées dans la Convention du 28 janvier dernier.

Versailles, le 16 février 1871.

Jules Favre.

De Bismarck.

———

M. de Truempling a été nommé secrétaire général de la préfecture du département d'Indre-et-Loire.

———

Prolongation de l'Armistice.

L'armistice est prolongé jusqu'au 26 février à minuit.

Rouen, le 23 février.

Pour copie conforme :

Le Préfet,

Baron de Pfuel.

NOTIFICATION

Perception des contributions directes.

Messieurs les Maires des chefs-lieux de canton, qui ont à verser à la Préfecture, au plus tard le 28 de ce mois, le montant des contributions du mois de janvier, sont invités à joindre à leur versement les tableaux statistiques imprimés que les mairies de toutes communes ont reçus de la direction des contributions pour l'impôt de 1870 (circulaire du 26 juin 1854, n° 323).

Messieurs les Maires des communes devront donc remettre ces états aux maires des chefs-lieux de canton.

Le Préfet,

Baron de Pfuel.

D'OU VIENT LE NOM DE LA MAISON-BRULÉ.

Comme le plateau de la Maison-Brûlée a acquis une certaine célébrité par suite des combats qui s'y sont livrés en 1870-71, nous croyons à propos de rappeler le fait particulier auquel il doit son nom.

A la fin du siècle dernier, les nombreux voyageurs du département de l'Eure qui, pour se rendre à Rouen, venaient prendre le bateau de La Bouille, avaient l'habitude de s'arrêter à l'une ou l'autre des deux hôtelleries les plus importantes de ce bourg; ils en constituaient à peu près toute la clientèle, et les propriétaires, sans gagner de bien grosses sommes, faisaient néanmoins très-convenablement leurs affaires.

Malheureusement pour eux, un nommé Dumesnil eut l'idée de venir créer, au haut de la côte de Moulineaux, à la jonction des routes de Bourgtheroulde et de Bourg-Achard, un petit établissement qui devint, pour leurs maisons, une très-redoutable concurrence. Ce n'est pas que l'auberge qu'on y édifia eut rien de bien attrayant. Que le lecteur se figure un bâtiment assez long, d'une construction tout-à-fait primitive : quatre murs en bauge, un toit en charpente grossière et une simple couverture en genêt, empruntée à la forêt voisine; sa distribution intérieure était comme celles de

toutes les auberges de cette époque : une cuisine, une
salle, plusieurs chambrettes au-dessus et, à la suite,
une vaste écurie et une remise surmontées d'un grenier à fourrages. Quelques fenêtres basses et étroites
éclairaient l'intérieur de cette habitation improvisée
et le seul ornement qui rompait l'uniformité de sa de-
vanture, était une épaisse branche de pin, aux aiguilles jaunâtres et flétries, qui, scellée horizontale-
ment dans le mur, faisait saillie au-dessus de la porte
d'entrée.

Dans un lieu complètement isolé, cet ensemble
avait un aspect assez sombre et ce n'était ni la
proximité de la forêt, ni le voisinage du Fond-du-
Chêne, qu'à cette époque surtout on ne traversait pas
toujours sans inquiétude, qui auraient pu rassurer
le voyageur, étranger à la contrée, dont l'imagination
eût pu voir dans cette construction, toute autre chose
que le modeste bouchon où *on logeait à pied et à
cheval;* et, cependant, on pouvait s'y arrêter en toute
sécurité et de jour et de nuit, car les propriétaires
étaient de braves gens, d'un caractère tout-à-fait inof-
fensif et, s'ils cherchaient à attirer chez eux les voyageurs, c'était pour les héberger de leur mieux, moyen-
nant, chose aussi rare alors qu'aujourd'hui, des prix
assez modérés. Néanmoins, malgré toute leur bonne
volonté, leurs efforts seraient demeurés stériles, si leur
auberge n'eut été très-commodément située pour tous
ceux qui se rendaient à Rouen, soit par le bateau de
La Bouille, soit par la route de Grand Couronne. Les

uns y laissaient leurs chevaux, auxquels ils évitaient ainsi une côte aussi dangereuse à descendre que pénible à monter (car, à cette époque, on ne connaissait que l'ancienne côte, dont la pente effraierait nos voyageurs d'aujourd'hui) et les autres, soit avant de descendre la côte de Moulineaux, soit à leur retour, après l'avoir montée, trouvaient fort à propos un abri commode où, pendant que leurs chevaux, convenablement soignés, mangeaient leur picotin, ils pouvaient eux-mêmes, de leur côté, se rafraîchir à leur aise et suivant leur goût, car on y vendait *de bon cidre de Basse-Normandie*, le vin blanc et le genièvre n'y étaient pas trop mauvais et l'accueil qu'on y recevait de l'hôtesse était plein de cordialité.

Dans ces conditions, les affaires de Dumesnil ne pouvaient que prospérer, et elles prospérèrent en effet; mais, d'un autre côté, celles des hôteliers de La Bouille firent plus que languir : c'était à peine, si les jours de fête, il se trouvait dans leurs salles quelques rares consommateurs; quant à leurs écuries, elles étaient presque toujours vides, les entrepreneurs des voitures de Bernay en avaient même retiré leurs relais pour les installer dans celle de Dumesnil.

La préférence accordée à l'auberge rivale, et qui s'expliquait d'ailleurs facilement, excita la jalousie des hôteliers deshérités; ils manifestèrent leur dépit à tout propos et poussèrent l'égarement jusqu'à vouloir élever à la hauteur d'une calamité publique la création du petit établissement de Dumesnil et en demander la des-

truction, sous le prétexte dérisoire de l'intérêt général;
ils firent rédiger une pétition à cet effet et la colpor-
tèrent dans toute l'étendue du bourg pour solliciter des
signatures qu'ils obtinrent de la méchanceté des uns
et de la timidité ou de la stupidité des autres. Comme
le lecteur doit bien le penser, l'autorité resta sourde à
cette ridicule demande dont l'insuccès ne fit qu'augmenter le dépit de ses auteurs; l'excès de la jalousie fit
naître le désir de la vengeance et ce dernier sentiment
ne tarda pas à se manifester par des menaces dont on
crut voir l'accomplissement dans un événement qui
les suivit de près.

Dans la matinée du 8 avril 1808, la nouvelle se ré-
pandit dans la Bouille que l'auberge de Dumesnil
avait été entièrement détruite, pendant la nuit, par un
incendie, et que le mobilier, sept chevaux, trois voitures et les marchandises d'un voyageur qui y était
logé, avaient été la proie des flammes; on n'avait pu
rien sauver de ce qui appartenait aux propriétaires;
leur ruine était complète. L'opinion publique attri-
bua la cause du sinistre à la malveillance, et ceux
qui avaient entendu les propos menaçants des
hôteliers, n'hésitèrent pas un instant à les considérer
comme coupables. Dumesnil déféra le fait à la justice
et, après information, les hôteliers furent arrêtés. Traduits le 6 juin 1809 devant la Cour criminelle, ils
durent au partage des voix leur acquittement comme
auteurs du crime qui leur était imputé, mais ils furent

condamnés à deux ans de prison comme coupables de menaces verbales d'incendie [1].

Cette affaire avait eu un certain. retentissement ; on s'intéressa généralement au malheur de la famille Dumesnil et les secours ne lui firent pas défaut : un terrain lui fut donné en partie par l'Etat et en partie par le marquis d'Etampes ; une quête, qu'elle fut autorisée à faire dans le département de la Seine-Inférieure, fut très-productive ; les pertes furent ainsi bien vite réparées et une nouvelle auberge bien proprette se construisit sur les ruines de l'ancienne : C'est l'*Auberge de la Maison-Brûlée*.

[1] Les noms des condamnés n'ont aucune importance au point de vue historique, nous avons cru devoir nous abstenir de les citer ; le lecteur comprendra le sentiment qui nous a imposé cette réserve.

DEUX DATES DONT LE DÉPARTEMENT DE LA SEINE-INFÉRIEURE DEVRA GARDER LE SOUVENIR.

21 mars 1871, — 22 juillet 1871.

Le 21 mars 1871, les habitants du département de la Seine-Inférieure apprirent, avec la plus grande satisfaction, que l'Administration civile allait être enfin rendue à elle-même; qu'ils ne verraient plus journellement placarder, sur les murs de leurs villes, les proclamations, notifications, arrêtés et avis prussiens, qui avaient si souvent révolté leur orgueil national, et qu'enfin, une main française signerait désormais le *Recueil officiel des Actes administratifs*.

Le gouvernement venait d'appeler l'honorable M. Lizot aux fonctions de Préfet du département de la Seine-Inférieure.

M. Lizot n'était pas un homme nouveau pour le département; enfant du pays, héritier d'un nom justement honoré dans la magistrature, magistrat distingué lui-même, il avait su, par la droiture de son caractère, se concilier l'estime générale. Les électeurs du canton de Saint-Romain lui avaient renouvelé plusieurs fois déjà le mandat de membre du Conseil général et il s'était fait remarquer, au sein de cette assemblée, par une rare intelligence des affaires administratives.

M. Lizot donnait donc toutes les garanties à ses futurs administrés; aussi sa nomination fut-elle très-sympathiquement accueillie dans le département.

Le 22 juillet 1871, les Prussiens évacuaient Rouen . . . .
Puissent-ils n'y jamais revenir!!
Tel fut le cri qui, ce jour-là, partit de tous les cœurs.

Oh! oui, puisse l'ennemi ne plus jamais franchir nos frontières!

Mais, peuple français, *souviens-toi*...............
Souviens-toi..... afin de ne point te laisser dominer par l'égoïsme, de ne céder ni à l'ambition personnelle, ni au désir d'une vaine popularité, ni à tous ces sentiments qui ne tendent qu'à étouffer l'honnêteté dans le cœur de l'homme et dans le cœur du citoyen, l'amour de la patrie;

Souviens-toi..... et que l'esprit de parti fasse place au patriotisme; garde-toi des illusions, ne détourne pas les yeux, regarde la patrie en partie démembrée, regarde les plaies profondes que lui ont faites la guerre et la plus coupable des insurrections, ne ferme pas les oreilles à ses cris de détresse, vois ses blessures et ne songe qu'à les cicatriser;

Souviens-toi..... pour travailler sans relâche à reconstituer la société si profondément ébranlée;

Souviens-toi..... pour donner à tes enfants une éducation virile et chrétienne et leur inspirer la piété envers Dieu, la piété envers la patrie;

Souviens-toi..... et le jour où, pénétré de tes devoirs, tu seras fermement résolu à les remplir, la France laissera tomber sur ses enfants un regard d'amour et d'espérance, car, ce jour-là, il lui sera permis d'espérer...

Peuple français, *souviens-toi*,.....................

TABLE

Pages.

Recueil Officiel.

Rouen.— E. Cagniard, rues Jeanne-d'Arc, 88, et des Basnage, 5.

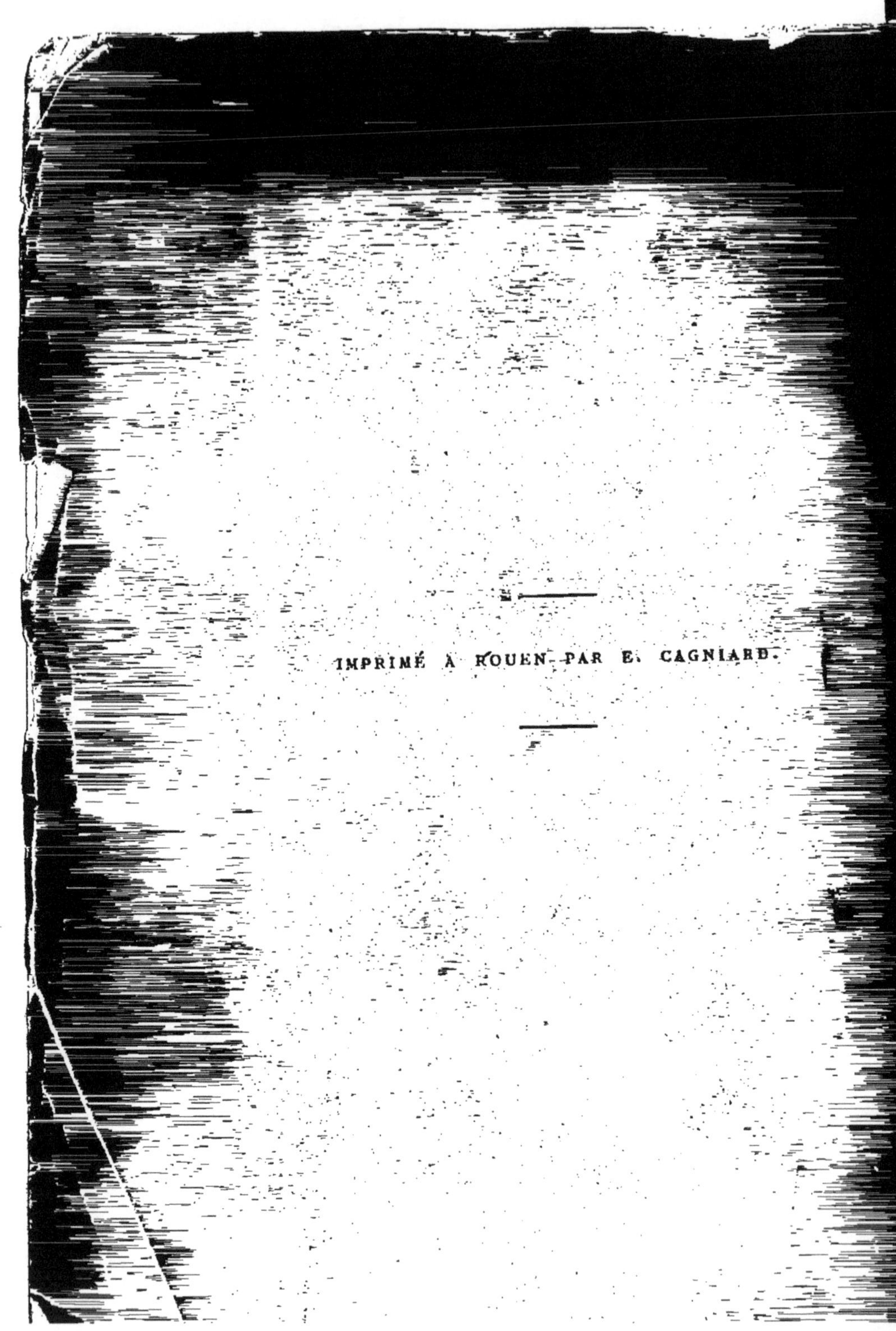
IMPRIMÉ À ROUEN PAR E. CAGNIARD.

www.ingramcontent.com/pod-product-compliance
Ingram Content Group UK Ltd.
Pitfield, Milton Keynes, MK11 3LW, UK
UKHW021508090726
13657UKWH00001B/102